미스터리 스포츠

국립중앙도서관출판도서목록(CIP)

미스터리 스포츠 / 지은이: 기영노. -- 서울 : 시간의물레, 2014
 p. ; cm

ISBN 978-89-6511-082-8 03690 : ₩12000

스포츠[sports]

692.04-KDC5
796.02-DDC21   CIP2014000461

미스터리 스포츠

기영노 지음

시간의 물레

머리말

 스포츠 역사를 되돌아보면 '왜'라는 의문부호를 붙일 사건들이 많이 있다. 1966년 영국월드컵 8강전을 앞두고 북한 선수들 어떤 밤을 보냈을까. 1960년대 세계여자 육상계를 휩쓸었던 북한의 신금단은 과연 여자였을까. 고 김득구 선수의 어머니는 왜 서둘러 아들의 뒤를 따라가야 했을까. 송성일 선수는 과연 자신이 말기 암이라는 것을 모르고 아시안게임에 출전한 걸까.

 그렇다면 이 같은 사건과 사실들은 왜 미스터리로 남게 되는 걸까? 보이지 않는 엄청난 힘에 의해서 사건이 은폐되거나, 사건이 알려지면 불리해질 당사자 또는 이해 관계자들이 영원히 입을 다물고 있기 때문이 아닐까?

우리가 미스터리 한 사건들을 되돌아본다고 해서 의문이 풀리지는 않는다. 의문이 풀린다면 '미스터리'라는 타이틀을 떼어 내야 하기 때문이다. 그렇다고 전혀 의문을 풀 수 없는 것은 아니다. 당시 사건의 당사자를 만나서 솔직한 얘기를 들으면 풀리는 경우도 있다. 그러나 이 책에 소개하는 대부분의 사건들은 영원히 의문이 풀리지 않는 미스터리로 남게 될 것으로 보인다.
 자~ 이제부터 스포츠 세계의 미스터리 사건 속으로 빠져 들어가 보자.

2012년 2월
저자 기영노

| 차례 |

한국복싱, 아시안게임 석권 … 8
영국 월드컵 8강전 전날 북한선수들은 … 15
축구 예언자, 거스 히딩크 … 23
이봉주의 코오롱 배신 … 30
가짜 프로복서 사건 … 36
MBC청룡, 1983년 한국시리즈 … 42
비운의 복서 김득구 … 49
김연아와 브라이언 오셔 코치의 이별 … 57
김영신 포수의 자살 … 64
농구 천재 김영일 … 70
어떻게 IOC 위원이 되었을까? … 76
김진영 감독의 구속 … 84
김학균과 중국의 미녀선수 예자오잉 … 89
사상 첫, 남북축구 대결 … 96
수영선수가 풀장에 빠져 죽을 뻔 … 103
여자농구선수 성추행 사건 … 109

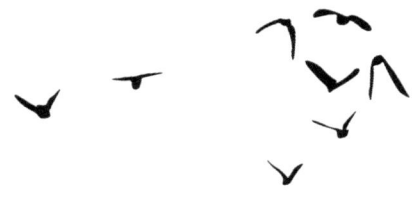

축구 국가대표 박병철 사망소동의 진상 … 115
박종환 축구감독 왜 물러나야 했는가? … 121
삼성 라이온즈, 20년 만에 첫 한국시리즈 우승 … 127
말기암 송성일의 금메달 투혼 … 134
쇼트트랙 짬짜미 … 13
신금단은 여자인가? … 145
96년 아시안컵 고의 패배였나? … 151
유제두의 리턴매치와 약물 … 157
유지현과 LG 트윈스 … 164
왜 이만기 선수의 손을 들어 주었나? … 169
임창용의 재기 … 175
임춘애 파동 … 181
정봉순, 남자인 줄 몰랐나? … 188
추신수, 조성옥 감독의 혼魂이 도와? … 195
프로레슬링은 쇼 … 202
한국 남자농구 만리장성을 무너트리다 … 209
홍수환의 4전 5기를 만든 3가지 이유 … 214

한국복싱, 아시안게임 석권

한국복싱의 2010 광저우 아시안게임 목표는 최소한 금메달 1개 또는 2개였다. 그러나 결과는 노 금메달이었다.
한때 아시아복싱 뿐만 아니라 세계복싱계에서도 쿠바, 미국, 구소련과 함께 '세계 4강'으로 군림했던 한국 아마추어 복싱의 슬픈 현실이었다. 그러나 20여 년 전만 해도 한국복싱이 너무 강해서 탈이었던 적이 있었다.

86 서울 아시안게임이 절정을 향해 치닫던 10월 4일, 복싱 각 체급 결승전이 벌어진 잠실학생체육관에서 세계 복싱사에 전무후무(前無後無)한 일이 벌어졌다.

한국 대표로 출전한 12체급 선수가 한 명도 빠지지 않고 모두 결승전에 오르더니 12명 모두 상대 선수를 꺾고 금메달을 목에 건 것이다.

올림픽, 아시안게임 같은 종합스포츠제전에서 복싱이 한 국가의 전 체급을 석권한 일은 과거에도 없었고, 그날 이후로도 없었다.

세계 아마추어 복싱 초강대국 쿠바도 국제대회에서 9체급 이상을 휩쓴 적이 없었다.

한국 아마추어 복싱은 60년대부터 아시아경기대회에 출전을 할 때마다 4개 이상의 금메달을 획득해 '아시안게임 메달박스'로 불렸다.

86년 서울 아시안게임 직전에 열렸던 82년 뉴델리아시안게임 때에도 금메달 7개, 은메달 2개, 동메달 3개로 12체급 모두 메달을 획득했었다. 더구나 서울 아시안게임은 뉴델리아시안게임에서 금메달 3개를 땄던 북한이 불참해 한국의 대량 금메달 획득은 어느 정도 예상되었던 일이었다. 그래서 한국복싱은 뉴델리대회와 비슷한 금메달 7개, 은메달 3개, 동메달 2개로 전체급 메달 획득을 목표로 했다.

가장 가벼운 체급인 라이트 플라이급의 오광수, 플라이급의 김광선, 그리고 밴텀급의 문성길은 세계최강이었다. 당시 그들은 세계선수권대회나 올림픽에 출전하면 모두 금메달 후보였었다. 그러나 페더급과 라이트급 그리고 라이트 웰터급, 라이트 미들급 등 4체급은 상대적으로 취약체급이었다.

하지만 웰터급부터 라이트 미들급을 제외한 중(重)량급

은 세계무대에서는 2류급이지만 아시아권에서는 무적이었다. 미들급의 신준섭은 2년 전에 열린 1984년 LA 올림픽에서 금메달을 획득할 정도로 원투 스트레이트와 빠른 스피드를 자랑했고, 라이트 헤비급의 민병용은 아마추어 복싱을 끝낸 후에 프로복싱으로 전향할 정도로 파워와 기술을 겸비했다. 그리고 헤비급의 김유현은 수차례 아시아 정상을 정복했으며, 슈퍼 헤비급 백현만은 한국복싱 사상 가장 강한 주먹의 소유자인데다, 그로부터 2년 후에 벌어진 88 서울 올림픽 슈퍼 헤비급에서 은메달을 획득했다. 그리고 웰터급의 김동길은 한국 아마추어 복싱 사상 최고의 기량을 갖춘 선수로 인정을 받은 선수였다. 따라서 86 서울 아시안게임 복싱은 객관적으로 평가할 때 한국팀의 7~8개의 금메달, 3~4개의 은메달 또는 동메달을 예상할 수 있었다.

결론적으로 10~11개 체급 정도는 실력으로 금메달을 땄지만 1~2체급은 무리수를 뒀다고 할 수 있다.

복싱 12체급 결승전이 벌어지기 직전까지 중공(지금의 중국)과 한국의 금메달 수는 80 : 92로 12개 차이였다. 한국이 복싱 12체급을 모두 석권하면 92 : 92로 타이가 되고, 한국과 중공이 마지막 이벤트로 남자육상 400m,

1,600m 계주에서 종합 1위를 다투게 되는 것이다. 아시 안게임이나 올림픽은 국가별 종합 순위를 계산하지 않지만, 당시 한국은 개최국으로서 자존심을 걸고 중공과 종합 1위 다툼을 했었다.

한국은 라이트 플라이급의 오광수, 플라이급 김광선, 밴텀급 문성길이 예상했던 대로 상대 선수들을 일방적으로 몰아붙여 판정 또는 KO로 꺾고 순조롭게 금메달을 땄다. 그러나 우려했었던 페더급의 박형옥, 라이트급의 권현규가 필리핀 등 상대선수들과 대등한 경기를 펼쳐 아슬아슬한 판정승을 거둬야 했다. 그렇다고 두 선수가 상대 선수에 뒤지지 않았지만 월등한 우세를 보이지도 못했다. 특히 라이트급에서 권현규와 결승전을 가진 필리핀의 간판 복서 레오폴드 칸탄치오는 85년 아시아 복싱선수권대회에서 최우수선수상을 수상한 선수답게 권현규의 안면에 예리한 원투 스트레이트를 여러 번 성공시켰다. 권현규가 이겼다고 하더라도 5명의 심판 가운데 한두 명은 칸탄치오에게 우세를 채점해서 4 : 1, 또는 3 : 2 판정승이 나올 만도 한데, 5명 모두 권현규에게 점수를 줘서 심판 전원일치 5 : 0으로 판정이 나온 것이다.

이후 라이트 웰터급부터 슈퍼 헤비급까지는 한국 선수

들이 상대 선수에게 월등한 기량 차이로 판정승을 거두거나 KO로 제압했다. 그러면 어떻게 해서 한국이 86년 서울 아시안게임 복싱에 걸려 있는 금메달을 모두 따낼 수 있었을까?

그때까지만 해도 스포츠 강국 중공이 복싱에 신경을 쓰지 않았고, 특히 한국복싱을 견제할 만한 수준에 올라 있는 북한이 참가를 하지 않았다. 그러나 가장 중요한 이유는 복싱 경기에 출전한 한국팀을 제외한 다른 나라 출전선수들이 너무 적었다.

복싱 12체급에 73명의 선수만 출전, 체급 당 평균 6명밖에 안 된다. 복싱 선수를 출전시킨 나라는 겨우 12개국뿐이었고, 그나마 한국처럼 전 체급에 선수를 파견한 나라는 아마추어복싱 후진국인 인도네시아와 네팔 두 나라뿐이었다. 인도네시아는 실력이 뛰어난 한두 체급을 제외하고는 동메달 1개라도 따려는 생각으로 전 체급에 선수를 출전 시켰고, 복싱 수준이 아시아 최하위권인 네팔은 12체급에 출전한 12명 모두 최대 목표가 동메달이었다. 또한 각 체급별 출전 상황을 보면, 플라이급과 페더급이 9명으로 가장 많았다. 라이트 플라이급, 밴텀급, 웰터급이 8명씩, 라이트급과 라이트 미들급 7명씩 라이트 웰터, 헤비급 6명씩 라이트 헤비, 슈퍼 헤비급 5명씩 그리고 미들급은 4명뿐이었다.

대부분의 종목이 한 번만 이기면 동메달권, 대진 운만 좋으면 한 번도 싸우지 않고 바로 동메달을 목에 걸 수 있었다. 더구나 미들급은 전체 출전 선수가 4명뿐이어서 출전선수 전원이 메달을 따는 기현상이 벌어지기도 했다. 복싱은 3, 4위전이 없기 때문이다. 아무리 출전선수가 적었다고 하더라도 그것이 한국복싱이 전 체급을 석권하는데, 필요조건이 될망정 필요충분조건이 될 수가 없었다.

결승전이 벌어지기 직전까지 고 김성은 감독을 비롯한 한국 코칭스태프들은 한국선수와 상대선수를 자세하게 분석하여, 두 체급 정도는 어려울 것이라고 봤다.

그러나 결승전이 시작하기 직전, 80개의 금메달을 딴 한국이 중공(92개)에게 금메달 수에서 12개밖에 차이가 나지 않은 것이 문제였다.

86년 서울 아시안게임 한국 대표팀 선수단에서 '한국이 복싱에 걸려 있는 12개의 금메달을 모두 석권하면, 중국과 금메달 수가 92개로 같아지고, 마지막 이벤트인 육상에서 승부를 볼 수 있다'는 분석을 내려 복싱선수단에 가능한 한 12개의 금메달 모두를 석권했으면 좋겠다는 압력 아닌 압력을 가하지 않았을까?

한국은 86년 서울 아시안게임 복싱에서 전 체급을 석권해 중공과의 금메달 수 92:92 타이를 이뤘다. 그러나 대회 마지막 날 한국은 금메달을 1개 추가하는 데 그쳤고, 중국이 2개를 더 따는 바람에 금메달 수 93:94로 뒤져 종합 2위에 그치고 말았다.

한국의 86년 서울 아시안게임 복싱 '완전석권'은 2년 후에 그 후유증이 나타났다. 88 서울 올림픽에서 라이트 플라이급 오광수와 밴텀급의 변정일 선수가 유리한 경기를 벌이고도 패한 것에 대한 항의로, 링 위에서 난동을 부리는 바람에 당시 대한체육회장 김종하, 대한복싱연맹 회장 김승연 씨가 책임을 지고 사퇴하는 수모를 당해야 했다.

영국 월드컵 8강전 전날 북한 선수들은

월드컵 축구사상 최대 이변은 뭐니뭐니해도 1966년 영국월드컵 4조 예선 마지막 경기로 열린 이탈리아 대 북한의 경기였다.

이탈리아는 조 예선 첫 경기에서 칠리를 2 대 0으로 제압했지만, 구소련에 0 대 1로 패해 1승 1패를 기록하고 있었고, 북한은 첫 경기에서 구소련에 0 대 3으로 졌지만 두 번째 경기에서 칠레와 1 대 1로 비겨 1무 1패를 기록하고 있었다.

7월 19일 4조는 구소련이 2연승을 거둬 승점 6점을 확보해 사실상 8강 진출이 확정되었고, 이탈리아가 승점 3점으로 2위, 북한과 칠레가 각각 1무 1패 승점 1점이었지만 북한이 골득실 -3, 칠레는 -2로 북한이 최하위에 있었다.

남은 경기는 이탈리아 대 북한, 구소련 대 칠레의 경기였다. 이탈리아는 북한과의 경기에서 이기면 무조건 8강,

비기더라도 골득실에 따라 8강에 오를 가능성이 높았다. 그러나 북한은 무조건 이겨야 하는 절박한 상황이었다.

경기 전 예상은 이탈리아의 8:2 또는 7:3 정도의 완전한 우세였다.

도박이 성행하는 영국, 도박사들은 대회가 시작되기 전 우승확률을 브라질 50%로 1위, 영국 25%로 2위 그리고 이탈리아를 20%로 3위로 꼽았었다. 북한은 16개 출전국 가운데 최하위인 1%였다.

북한은 월드컵에 처음 선을 보인 아시아 축구 후진국 대표였다. 북한은 호주와 아시아 예선을 벌였다. 6·25 때 유엔군으로 참전한 호주는 북한과 적대국이었고, 호주와 북한 두 나라의 국교도 없었기 때문에 제3국인 캄보디아에서 예선 경기를 치렀다. 캄보디아의 노르돔 시아누크 대통령은 호주와 북한 두 나라의 적대감정을 의식했는지, 관중석을 절반으로 나눠 호주와 북한 응원단을 철저하게 분리하기도 했다. 호주 팀이라고는 하지만 호주 출신은 단 한 명뿐이었고, 모두 영국 출신의 프로선수들이었기 때문에 호주가 북한을 압도적으로 이길 것으로 예상을 했었다. 그러나 경기 결과는 평균 신장 1m 65cm도 안 되는 북한이 1m 80cm에 육박하는 호주 대표 팀을 1

차전 6 : 1, 2차전 3 : 1 합계 9 : 2로 대파하고 영국월드컵 출전권을 획득했다. 북한은 영국월드컵 본선 첫 경기에서 구소련에게 0 : 3으로 완패했다.

북한은 칠레와의 2차전에서 전반 25분에 마르코스에게 페널티킥을 내줘 0 : 1로 끌려갔지만, 경기 종료 3분 전인 후반 42분경, 박승진이 20m 중거리 슛을 성공시켜 극적으로 비겼다. 무승부지만 경기내용은 북한이 오히려 앞섰다. 북한이 16개의 슈팅을 날린 반면 칠레는 슈팅을 9개밖에 시도하지 못했다.

사실상 북한과 8강 진출권을 놓고 싸울 이탈리아는 1934년 이탈리아 월드컵과 1938년 프랑스 월드컵에서 잇따라 우승, 월드컵 사상 최초로 2연패를 이룬 세계 축구 강국이었다. 빗자루 수비로 유명한 이탈리아 수비는 스위퍼 한 명을 뒤로 빼는 1-4-2-3 포메이션에 철각을 내던진다는 공포의 태클로 상대공격진을 질식시키고 있었다. 그러나 북한의 명례연 감독은 경기를 앞두고 "이탈리아를 물리치고 8강에 올라가겠다."며 큰소리를 쳤다. 그러나 세계축구계는 명례연 감독의 말을 '하룻강아지 범 무서운 줄 모른다.'며 과소평가했다.

1966년 7월 19일 18,000명을 수용하는 미들스보로 스타

다음은 관중들이 꽉 들어찼다. 북한은 당시 국제축구연맹 FIFA의 스탠리 라우스 경이 '세계적인 기술을 가진 선수'라고 평가한 신영규와 임중선·하정원·오윤경·임승휘·박승진·한봉진·박두익·김봉환·양성국·이찬명을 스타팅 멤버로 내세웠다. 특히 이찬명은 구소련, 칠레전의 선방으로 영국월드컵에 출전하고 있는 구소련의 야신, 잉글랜드의 뱅크스와 함께 세계 3대 골키퍼로 불리기 시작했다. 후에 야신은 1994년부터 월드컵에 야신상이 제정될 정도로 전설적인 골키퍼가 되었고, 뱅크스도 야신에 못지않은 영국 축구 사상 최고의 골키퍼였다.

이탈리아는 알베르토시·파세티·란데니·자니치·구아르니에리·포글리·페라니·불가레리·마졸라·리베라·바리손 등 '베스트 11'의 정예멤버를 모두 동원했다. 그 가운데 불가레리와 파세티가 버티고 있는 미드필더는 '달리는 전차'라는 소리를 들을 정도로 공격과 수비에서 발군의 활약을 했다. 이탈리아는 단신 북한 축구를 압도하기 위해 공을 공중으로 띄워 제공권으로 승부를 걸었고, 북한은 브라질이 처음 사용했었던 4-2-4 전형을 사용하면서도 전원수비 전원공격으로 맞섰다. 이탈리아의 공격수 리베라·페라니·바리손·마졸라는 북한팀 문전에서 미드필

더 공중에 띄운 볼을 헤딩으로 연결시켜 골인이 되는 것을 노렸다. 그러나 북한 임승휘, 박승진이 이탈리아의 불가레리, 파세티와의 중원장악 싸움에서 뒤지지 않으면서 두팀 간의 치열한 공방전이 전개되었다. 전반 35분 경기의 승패에 절대적인 영향을 끼친 사건이 일어났다. 박승진과 불가레리가 공중 볼을 다투던 중 박승진이 먼저 넘어진 불가레리의 위로 떨어진 것이다. 박승진은 곧 일어났지만 불가레리는 발을 크게 다쳐서 꼼짝을 하지 못했다. 불가레리가 들것에 실려 나갔다.

당시 축구 규정은 교체 멤버제도가 없었다. 부상을 당한 선수가 나오면 그 팀은 한 명 또는 두세 명이 부족한 가운데 경기를 계속해야 했다. 이제 10명이 싸워야 하는 이탈리아가 불리해진 것이다. 그렇지 않아도 북한의 공격이 거센데, 이탈리아가 한 명이 적으니 그때부터 북한의 총공세가 시작되었다. 후에, 불가레리가 부상으로 실려 나간 전반 30분부터 45분까지 15분간을 '북한 축구의 가장 화려한 15분'이라고 부를 정도로 북한의 공격은 매서웠다. 전반 41분 월드컵 사상 최고의 이변, 운명의 시간이 다가왔다. 센터서클에서 북한 하정원의 헤딩 패스를 받은 박두익은 이탈리아의 왼쪽을 뚫고 나가다가 오른편으로 돌아 나가면서 란데니의 태클을 피하더니 땅볼로 강슛을 쐈다. 공은 이탈리아 골대 오른쪽 모서리 쪽으로 빨려 들어갔다. 골을 허용한 알베르토시는 한동안 멍하니 서 있었다. 후반전 이탈리아가 거세게 반격을 했지만, 10명이 싸워야 하는 불리함 때문인지 오히려 북한이 더 많은 득점기회를 잡았다. 경기는 1 : 0 북한의 승리로 끝나고 영국 관중들은 기립박수로 북한 축구의 선전을 축하해 주었다. 그러나 이탈리아에서 원정응원을 온 이탈리아 축구 팬들은 이탈리아의 상징인 삼색 국기를 찢어 버리는 등 난동을 부렸다. 북한 선수들은 마치 세상을 다 얻은 듯 서로 부둥켜안고 어쩔 줄 몰랐다.

북한은 포르투갈과의 8강전에서 경기 시작 23초 만에 터진 박승진의 골을 신호탄으로 21분 이동운, 22분 양성국 선수가 잇따라 골을 터트려 3 : 0으로 여유 있게 앞서 나갔다. 그러나 전반 27분과 43분에 당대 세계 최고의 공격수 에우제비오에게 2골을 허용해 2 : 3으로 쫓기더니, 후반전에 에우제비오에게 2골을 더 허용하는 등 에우제비오에게만 모두 4골을 빼앗기며 3 : 5로 역전패를 당했다. 후반전은 북한 선수들이 체력이 떨어져 거의 경기를 포기하다시피 했다. 북한이 후반전에 힘 한 번 제대로 쓰지 못하고 역전패를 당하자 이상한 소문이 나돌기 시작했다. 북한 축구선수들이 이탈리아를 꺾고 8강이 확정된 이후 승리에 도취된 나머지 밤새도록 술을 먹고 일부 선수들은 화려한 밤을 보냈다는 것이었다. 북한이 구소련, 칠레, 이탈리아와의 예선 3경기, 포르투갈 경기 전반전과 포르투갈 경기 후반전이 크게 달라졌기 때문에 그 소문이 제법 신빙성이 있어 보였다. 그러나 당시 북한 선수단은 화려한 밤을 보낼 돈도 없었그, 그럴 분위기도 아니었다. 북한은 당연히 예선에서 떨어질 줄 알고 예선 이후에 묵을 숙소도 정해 놓지 않았다.

  8강전이 벌어진 곳은 리버풀 스타디움이었는데, 원래 리버풀에는 이탈리아가 8강 진출을 확신하고 예약을 한 가톨릭 숙소가 있었다. 그런데 이탈리아가 예선에서 탈락하는 바람에 부득이하게 예약을 취소할 수밖에 없었다. 그래서 북한은 이탈리아팀이 예약을 했던 가톨릭 숙소로 정했던 것이다. 가톨릭 숙소는 1인실로 되어 방마다 예수님 그림과 십자가가 걸려 있었다. 그리고 숙소 앞마당에는 성모상이 달빛을 받고 서 있었다. 공산권인 북한 선수들에게는 예수님 그림과 십자가 그리고 앞마당에 있는 성모상 등에 이질감을 느껴 공포를 느낄 정도였다. 그래서 1인실 방에 두세 명씩 몰려 자느라 제대로 된 숙면을 취하지 못했다. 화려한 밤은커녕 무서운 밤을 보내느라 컨디션이 엉망이 된 것이다. 더구나 8강전 상대 팀인 포르투갈은 당대 최고의 공격수 에우제비오를 앞세워 예선에서 강호 브라질을 3:1로 제압하는 등 헝가리, 불가리아 등을 상대로 9골을 넣고 단 2골만 허용하는 사실상 세계 최강팀이었다.

축구 예언자, 거스 히딩크

네덜란드의 거스 히딩크 감독은 한국에서 가장 성공한 외국인이다. 차관급인 한국관광공사 사장을 역임한 독일 출신의 이참 씨가 외국인으로서의 지위는 가장 높았었지만, 한국 사회에 끼친 영향력은 아직까지 거스 히딩크를 따라갈 외국인이 없다.

히딩크는 2002 한일 월드컵 축구대회에서 변방의 한국 축구를 '월드컵 4강'에 올려놓은 업적과 그 과정, 그리고 이후의 행보는 가히 축구영웅 대접을 받을 만하다. 거스 히딩크의 한국 축구(한국 사회)에 대한 영향력은 지금도 유효하고, 아마 한국에 축구가 있는 한 오랫동안 지속될 것으로 보인다.

2010 남아공 월드컵이 한창 벌어지고 있을 때, 축구동호인 게시판에 "2010년 6월 18일 네덜란드의 축구잡지 《풋볼 인터내셔널》이 거스 히딩크 감독을 인터뷰했다"라며 번역된 글이 올라와서 한창 화제가 되었다. 그 글을 쓴

네티즌은 거스 히딩크가 "이제 B조(한국, 그리스, 나이지리아, 아르헨티나)에서 한국의 16강 진출이 가장 어렵게 되었다. 한국은 (1:4로 패한) 아르헨티나에 맞서 축구가 아닌 야구를 했다. 한국의 코칭스태프가 아르헨티나가 (월드컵) 남미예선에서 페루 등에게 패한 6경기를 (비디오로) 봤는지 의심스럽다. 그리스전에서 이긴(2:0) 후 코칭스태프가 선수들에게 무슨 짓을 한 것인가?"라고 했다는 것이다.

한 네티즌이 올린, 이 같은 자극적인 기사는 주요 신문과 방송을 타면서 엄청난 파문을 일으켰다.

국제축구계에서도 대표적인 친한 파인 히딩크가 한국 축구에 대해 거의 메가톤급 비난을 퍼부었기 때문이었다. 그러나 국내의 모 주간지가 네덜란드의 '풋발 인터내셔널'을 취재하면서 조작된 기사라는 것이 밝혀졌다. 모 주간지에 의하면, 네덜란드에는 축구전문 월간지 《풋발 인터내셔널》은 있지만 《풋볼 인터내셔널》은 없다는 것이다. 물론 《풋발 인터내셔널》 온라인 판에도 거스 히딩크 관련 기사는 없었다.

2010 남아공 월드컵이 끝난 후, 한국을 사상 처음 원정 16강까지 올려 놓은 허정무 감독도 《신동아》와의 인터뷰 때문에 곤혹을 치러야 했다.

허 감독은 《신동아》와의 인터뷰에서 "그동안 외국인 감독들이 세대교체에 신경을 쓰지 않아서 한국축구를 망쳤다"는 내용의 말을 했다. 거스 히딩크 감독뿐만 아니라 그동안 한국축구 대표 팀을 맡았었던 외국인 축구감독을 모두 싸잡아 비난을 한 것이지만, 거스 히딩크 감독의 팬들은 가만있지 않았다.

'한국 축구를 월드컵 4강까지 올려놓은 감독에게 너무 했다.' '허 감독 말이 좀 지나쳤다.'는 등 허 감독을 비난했다. 결국 허정무 감독은 "외국인 감독에 대해 정확하고 냉정한 평가를 해야 한다는 내용이 와전되었다."며 해명을 함으로써 일단락되었다.

히딩크 감독이 비록 한국에 있지 않더라도, 그가 한국축구에 차지하는 비중이 크다는 것을 잘 나타내 주고 있다.

이미 잘 알려진 것처럼 히딩크가 2002 한일 월드컵 축구대회에서 국제축구계의 변방에 있는 한국축구를 월드컵 4강까지 올려놓기까지의 과정은 가히 축구 예언자 급 수준의 예지력이 발휘되었다.

2002년 한일 월드컵을 6개월여 앞두고, 2001년 12월 1일 부산 컨벤션센터에서 월드컵 조예선 추첨이 있었다. 한국은 강호 포르투갈, 폴란드 그리고 미국과 함께 D조에 편성되었다. 당시 국내외 축구 전문가들은 대부분 "D조에서는 루이스 피구·주앙 핀투·베투 등 세계정상급 선수들이 즐비하고, FIFA 랭킹 5위인 포르투갈은 D조 1위는 말할 것도 없이 우승후보이며, 폴란드가 포르투갈을 괴롭히며 마지막 한 장 남은 16강행 티켓을 가져갈 것이다. 한국은 기적이 일어나면 2위 그렇지 않으면 미국과 탈꼴찌 다툼을 할 것이다."라고 전망을 하고 있었다. 그러나 거스 히딩크 감독은 "미국이 약하다고 하지만 결코 그렇지 않다. 그리고 폴란드 축구가 낯설고 유럽 팀 치고는 약하게 평가하고 있지만, 그것도 사실이 아니다. 그러니 강팀으로 알려져 있는 포르투갈에게 무조건 기죽을 필요가 없다."고 말했다. 그 말은 6개월여 후에 그대로 실현되었다.

한국은 포르투갈을 경기 내용 면에서 압도한 끝에 1 : 0으로 잡았고, 3팀 가운데 가장 만만하게 보았던 미국에게 선취골을 내주는 등 크게 고전한 끝에 겨우 1 : 1로 비겼기 때문이다. 포르투갈은 한국에게 0 : 1, 미국에게 2 : 3으로 잡히면서 체면을 구겨야 했다.

히딩크는 2002년 5월 26일, 월드컵을 앞두고 98 프랑스 월드컵 우승팀 강호 프랑스와 평가전에서 2 : 3으로 패한 후 네덜란드 《드 텔리그라프 지》와 인터뷰에서 2002 한일 월드컵 본선에 대해서 예상을 했다.

"우리(한국팀)는 월드컵 16강이 문제가 아니라, 세계축구계를 깜짝 놀라게 할 것이다. 지금 내가 큰소리치는 것 같지만 내 말이 실언(失言)이 아니라는 것은 월드컵이 끝난 후에 알게 될 것이다."라고 큰소리쳤다.

정말로 한국 축구는 16강이 아니라 4강에 오르면서 세계축구를 깜짝 놀라게 했다.

히딩크는 그 밖에 월드컵을 50일 앞두고 "현재 한국축구 대표팀의 16강 진출 가능성은 50%다. 그러나 하루에 1%씩 전력이 강해지면 월드컵이 열릴 때쯤 16강 가능성이 100%의 전력이 되어 있을 것이다."고 말했다. 히딩크의 말이 숫자놀음 같지만 어떻게 보면 앞으로 50일 동안의 훈련이 매우 중요한 것이라는 점을 일깨워 주는 중요한 말이다. 이후 선수들도 점점 팀워크가 좋아지는 것을 느꼈고, 월드컵이 열리기 직전 한국 선수들의 컨디션과 조직력은 절정에 올라 있었다.

월드컵 본선에서 포르투갈을 제압하고 16강이 확정되고 난 후에는 "1차 목표를 이뤘지만 나는 아직 배가 고프다."며 8강 진출에 대한 예상을 하면서, 선수들에게 엄청난 자신감을 심어주었다. 히딩크는 한국축구에 '월드컵 4강'이라는 기적 같은 선물을 준 후, 한국을 떠나면서 "굿바이" 대신 "소 롱(So long)"이라고 말하고 싶다면서 언젠가는 돌아오겠다고 말했는데, 정말 자신의 예언(?)처럼 매년 한국을 방문해 히딩크 재단에서 주최하는 시각장애인 축구전용구장을 만들어 주는 등 선행을 베풀고 있다.

2002 한일 월드컵 이후 국제축구계에서 히딩크의 주가는 하늘 높은 줄 모르고 올랐다. 각국의 우수클럽들이 서로 히딩크를 영입하려 했고, 월드컵에서 좋은 성적을 올리려는 나라들도 히딩크에게 목을 맸다. 히딩크는 국제축구계에서 드물게 투 잡(클럽팀과 국가대표팀을 동시에 맡는 것) 생활을 하기도 했다.

히딩크는 한국축구 대표팀에 이어 호주 국가대표팀을 맡아서 2006 독일 월드컵에서 호주축구 사상 최초로 16강에 올려놓았다.

독일 월드컵을 앞두고 "호주사람들은 호주가 월드컵 사상 처음으로 2라운드에 오르는 것을 보게 될 것이다."라고 자신감 있게 말했고, 실제로 호주는 호주 축구역사상 처음으로 16강에 올랐다. 호주 팀에 이어서 러시아 축구 대표 팀을 맡아서는 러시아 축구를 2008 유럽 축구

대회에서 4강까지 진출시켰다. 그러나 히딩크의 러시아는 2010 남아공 월드컵 유럽 예선 4조에서 2위를 차지해 슬로베니아와 무승부를 기록했지만 원정경기 다득점 원칙에 의해 탈락하고 말았다.

히딩크의 월드컵 마법, 그러니까 98년 프랑스 월드컵 네덜란드 4강, 2002 한일 월드컵 한국 4강, 2006 독일 월드컵 호주 16강, 2008 유럽 축구대회 러시아 4강 등 월드컵 본선과 유럽축구선수권대회에서 계속해서 좋은 성적을 올렸다.

이봉주의 코오롱 배신

이봉주는 한국 스포츠 사상 가장 바른 사나이로 통한다. 세계 마라톤 사상 유례를 찾아볼 수 없는 풀코스를 43번 도전하여 41번의 풀코스 완주, 한없이 순박한 얼굴과 가난과 불리한 신체 조건을 극복하고 세계정상에 우뚝 선 드라마틱한 개인스토리 등이 있다.

그런 이봉주가 한국 스포츠에 엄청나게 큰 파문을 일으킨 적이 있다. 자신의 스승 고 정봉수 감독을 배신하고 팀을 이탈한 것이다. 왜 바른 사나이 이봉주는 코오롱을 배신해야 했을까? 코오롱의 정봉수 사단은 1987년 김종윤 선수 한 명으로 출발했다. 이후 김완기·이창우·박재효·신재포 등을 영입하여 일주일에 350km를 달리는 강행군을 시키며 선수들의 실력을 향상시켰다.

정봉수 사단은 1990년 동아마라톤대회에서 김완기가 2시간 11분 34초로 한국최고기록을 세우면서 한국 육상계로부터 주목을 받기 시작했다. 고 정봉수 감독은 1992년 바르셀로나 올림픽의 황영조 금메달, 1996 애틀랜타 올림픽 이봉주 은메달, 1994 히로시마 아시안게임 황영조 금메달, 1998 방콕 아시안게임의 이봉주 금메달을 함께 한 명장이었다.

정봉수 감독은 1995년 동아마라톤대회 여자 마라톤에서도 이미경 선수가 2시간 32분 13초로 한국 최고 기록을 세우도록 했고, 권은주가 1997년 조일마라톤에서 지금도 깨지지 않고 있는 2시간 26분 12초의 여자마라톤 한국최고기록을 세울 때도 직접적으로 관여했다. 정 감독은 코오롱 숙소에 항상 '백인(百忍)'이라는 커다란 문구를 내걸도록 했다. '백번 참으라'는 뜻이다.

프로야구는 관리야구라는 말이 많이 나오는데, 정 감독이야말로 철저한 '관리 마라톤'을 주장했다. 아무리 자질이 뛰어난 선수라 할지라도 훈련에서의 열외를 인정하지 않았다. 평소의 독한 연습만이 좋은 기록과 성적을 가져다준다는 것을 늘 강조하며, 선수들의 연습과 건강, 심지어 사생활까지도 철저하게 관리했다. 마라톤은 일주일만 연습을 하지 않으면 끝나는 운동이라고 선수들에게 강조했다. 그러나 정 감독은 풀코스 마라톤을 한 번도 뛴 적이 없다. 100m, 200m 등을 주 종목으로 한 단거리 선수 출신이기 때문이다. 단거리 선수 육군 대표로 활약했지만, 국가대표를 지내지는 못했다. 하지만 마라톤 관련 이론 서적 수백 권을 탐독하고, 연구하는 등 엄청난 노력으로 마라톤 지도자로 변신하여 1987년 코오롱 마라톤팀을 창단해 한국 마라톤사에서 한 획을 그었다고 할 수 있다.

정봉수 감독은 이봉주를 마라톤 명문 코오롱팀으로 스카우트해준 은인이다. 이봉주가 코오롱에 들어갈 당시 김완기 선배, 이봉주와 고등학교를 같은 해 졸업한 황영조, 그리고 김민우 등 국내 정상급 마라토너들이 소속되어 있었다. 김완기·황영조 등이 대회에 나갔다 하면 우승을 휩쓸어서 그런지 명감독으로 불리고 있었다.

정 감독의 별명은 '독사로' 카리스마가 있었다. 정 감독이 한번 명령을 하면 하늘이 두 쪽이 나도 따라야 한다. 실제로 정 감독은 자신이 말한 것은 반드시 실천하며 모범을 보였다. 말년에는 당뇨 합병증으로 인한 신장병으로 투석을 받으면서도 선수지도에 대한 집념을 포기하지 않았다. 그러나 정 감독은 장거리, 마라톤 선수출신이 아니라 단거리 선수 출신이라는 한계가 있었다. 그 약점을 보강한 것이 마라토너 출신 오인환 코치였다. 정 감독은 마라톤에 관하여 이론서로는 알기 힘든 디테일한 부문을 오 코치와 상의하는 편이었다. 그래서 단거리 출신이면서도 별다른 잡음 없이 마라톤팀을 이끌어 갈 수 있었다. 그런데 1999년 총감독으로 있던 정 감독이 오인환 코치와 여자부를 맡고 있던 임상규 수석 코치의 바로 위로 단거리 출신의 감독을 영입하려는 움직임을 보인 것이 탈이었다. 그렇게 되면 '코오롱은 총감독과 감독이 모두 단거리 출신의 마라톤팀'이 되는 것이었다.

또한 이봉주 등 선수들이 마라톤을 하면서 얻는 과외 수입 가운데 일부를 떼어 놓아야 하는 것도 평소 불만이었다.

결국 오인환 코치와 이봉주 그리고 손문규·권은주·김이용·오성근·제임모 등이 코오롱 마라톤 팀을 뛰쳐나왔다.

오 코치와 이봉주를 포함해서 코오롱 선수단 전원이 정 감독과 결별한 사건은 1999년 말 '스포츠 10대 뉴스'로 선정되기도 했다. 당시 매스컴에서는 연일 이봉주를 배반자로 보도하고 있었다. 일부 육상인들은 이봉주가 자신을 키워준 스승 고 정봉수 감독을 배신했기 때문에 육상 인생도 끝날 것으로 치부했었다. 그런 비난에도 이봉주 일행은 아무 말 없이 훈련에만 전념했다. 사실 훈련을 하지 않으면 이봉주 일행은 실업자나 다름없었다. 그래서 훈련이라도 열심히 해야 했다.

당시 여러 곳에서 팀 창단을 조건으로 이봉주에게 거액을 내밀며 스카우트 제의가 있었다. 그러나 그 팀들은 이봉주 하나만을 원했지 이봉주 일행 모두를 원하는 곳은 없었다. 이봉주는 후배들을 놔두고 혼자 빠져 나갈 수 없기에 이를 모두 거절했다. 이봉주 일행은 무작정 회사를 뛰쳐나왔기 때문에 주머니에 들어있던 돈도 모두 떨어져 갔다. 결국 이봉주 일행은 꼼짝없이 무일푼 신세가 되었고, 후배들을 그대로 놔두고 볼 수 없었던 이봉주는 아내와 상의를 해 그동안 모아두었던 적금통장을 깨고 훈련비 1,000만 원을 내놓았다. 또한 이봉주와 친분이 있는 모회사 회장님께서 500만 원을 선뜻 내놓으시기도 했다.

당시 이봉주 일행은 무적(無敵)선수들이었기 때문에 하루 3만 원짜리 여관을 전전하며 한 끼에 4,000원짜리 밥을 먹는 등의 열악한 환경에서 훈련을 해야 했다. 따라서 1,500만 원이면 2~3개월은 버틸 수 있는 적지 않은 돈이었다. 그해 겨울, 이봉주 일행은 자신들이 마라톤을 시작한 이후 가장 열심히 훈련을 했다. 그만큼 절박했기 때문에 달리고 또 달렸다.

이봉주는 이듬해 2000년 2월 13일 도쿄마라톤 대회에 출전해서 지금까지도 깨지지 않은 2시간 07분 20초의 한국 최고기록을 세워 주위의 비난을 깨끗이 잠재웠다.

이봉주는 한국 최고기록을 세운 후 너무 기뻐서 낯선 도쿄 하늘 아래서 오인환 코치와 서로 얼싸 안고 울었다. 마라톤 대회에 출전해서 좋은 성적을 올렸다고 눈물 흘리며 운 것은 그때가 처음이자 마지막이었다.

이봉주 선수가 도쿄마라톤대회에서 한국 최고기록을 세웠기 때문에, 2000년 6월 삼성전자 마라톤팀이 창단되었고, 오 코치를 포함한 이봉주 일행은 삼성전자라는 우산 속으로 들어가 마라톤을 계속할 수 있었다.

이유야 어쨌든 이봉주가 코오롱(정봉수 감독)을 배반한 것이 전화위복이라고 할까? 그런데 이봉주가 코오롱(정봉수)을 떠난 데는 앞에 언급한 사실 말고도 또 다른 이유가 있었다고 한다. 그러나 이 책에서는 밝히지 않는다.

정봉수 감독은 2001년 7월 5일 서울 중앙병원에서 오랜 투병 끝에 사망했다. 이봉주는 오인환 감독과 함께 고인의 빈소를 찾았다.

가짜 프로복서 사건

1984년 9월 7일 IBF 플라이급 챔피언 권순천과 도전자 콜롬비아의 알베르토 카스티야 선수의 타이틀 매치가 전라북도 정주(현재 정읍)에서 벌어졌다.

당시 IBF는 막 태동하던 시절이라 역사와 전통이 있는 WBA, WBC보다 권위가 떨어졌고, 동양타이틀 매치보다 약간 대전료가 높았을 정도로 권위가 없었다. 그러나 권순천 대 알레르토 카스티야의 타이틀 매치는 경기가 열리기 전부터 이상한 조짐을 보였었다. 우선 대회의 흥행을 맡았던 극동프로모션(대표 전호연)이 통상 한두 달 전에 내는 타이틀매치 승인요청서를 대회가 열리기 불과 사흘 전인 9월 4일에 한국권투위원회(KBC)에 제출했다. 그리고 경기 승인요청서에 기재된 여권의 선수이름, 파나마 권투위원회 발행 면허장에 있는 선수 이름, 전적표의 이름 그리고 닉네임이 각각 달라 도전자의 신분이 불투명했다. 서류를 접수한 KBC는 서류마다 도전자의 이름이 달라 대전 승인에 난색을 표명했다.

당시 KBC 부회장이었던, 황종수 씨가 대전 승인을 해 줄 수 없다고 거듭 밝히자 극동측은 서울에 와 있는 카스트로가 WBA 7위, IBF 8위인 카스트로와 동일인이라는 파나마로부터 날아온 전문을 제출하면서 승인해 줄 것을 요청했다. 결국 KBC는 그 전문 한 장으로 IBF 타이틀 매치를 승인했다. 그리고 한국방송공사(KBS)가 이미 중계방송 시간을 확정하고 예고를 하고 있는 것도 대전 승인을 서두른 이유 가운데 하나였다.

앞서 언급했듯이 1984년 9월 7일 IBF 플라이급 타이틀 매치는 비교적 수준 높은 경기를 치른 끝에 챔피언 권순천이 도전자 알베르토 카스티야 선수를 경기 종료 8초 전, 그러니까 12라운드 2분 52초 만에 KO로 이겨서 타이틀 방어에 성공했다. IBF 챔피언 권순천은 비록 IBF기구 챔피언이지만 실력은 WBA, WBC 동급 챔피언 못지않았다. 왼손잡이인 권순천은 81년 10월 17일 주니어 밴텀급 동양 챔피언에 오른 후 5차 방어까지 성공했다. 권순천의 경기에는 반드시 다운이나 KO가 나온다고 해서 '시한폭탄'이라고 불렸다. 권순천은 당대 최고의 챔피언이었던 일본의 와다나베 지로에게 WBA 주이어 밴텀급 타이틀에 도전했다가 12회에 KO패를 당했고, 필리핀의 렌 부사용과 IBF 플라이급 초대 챔피언 결정전에서 5회 KO로 이겨 챔피언에 올랐다.

권순천은 IBF 플라이급 3차 방어까지 상대 선수를 완벽하게 제압한 후 4차 방어전에서 알베르트 카스트로를 만나게 된 것이다. 그러나 타이틀 매치가 열린 다음 날인 9월 8일 보고타에서 외신이 날아왔다.

연합통신 특파원이 전하는 소식은 "WBA 7위(IBF 8위)에 올라있는 알베르토 카스트로는 현재 콜롬비아에 있다. 서울에는 한 번도 간적이 없다."는 내용이었다. 콜롬비아에서 날아온 외신을 본 국내 기자들이 알베르토 카스트로를 추적하기 시작했다. 그 와중에 콜롬비아에서 또 한 장의 외신이 날아들었다.

'서울에 있는 선수는 카라발로 플로레스다. 국내 랭킹은 1위이고, 1년 반 전에 콜롬비아에서 파나마로 건너갔다. 파나마로 가기 직전, 콜로비아에서 벌어진 경기에서 에르네스토 디아즈 선수에게 판정패를 당했다.'는 자세한 내용이었다.

이제 서울에 있는 알베르토 카스트로는 가짜이고, 그의 진짜 이름은 카라발로 프로레스라는 것이 정설이 되었다. 그러나 카라발로 프로레스는 자기가 알베르토 카스트로라고 끝까지 우겼다. 그래서 타이틀 매치가 있은 지 4일 후인 9월 11일 한국권투위원회(KBC)에서 알베르토 카스트로와 그의 매니저 토레스 씨가 합동기자회견을 가졌다. 회견장에는 주최자인 극동프로모션의 전호연 씨를 비롯해서 KBC 황종수 부회장도 자리를 함께했다.

"파나마 현지에서 당신을 가짜라고 하는데."

"그가 가짜다. 내 이름은 정말 알베르토 카스트로다."

"신 앞에 맹세할 수 있는가?"

"나는 신을 모독하지 않는다."

"그런데 왜 콜롬비아에서 당신을 가짜라고 하는가?"

"글쎄...... 나도 그 이유를 모르겠다. 빨리 돌아가고 싶다. 여러분들이 좀 도와 달라. 정말 부탁한다."

그러나 기자회견이 있은 지 이틀 후 가짜 알베르토 카스트로는 '자신의 진짜 이름은 카라발로 프로레스'라며 자신이 가짜 선수임을 실토하기에 이르렀다. 그러면 왜 프로복싱 세계타이틀매치에서 가짜 선수가 나온 것일까?

권순천과 진짜 알베르토 카스트로는 타이틀매치를 갖기 약 3개월 전인 1984년 6월 10일 타이틀을 치르기로 계약을 했다. 당시 권순천과 알베르토 카스트로 대신 매니저들이 대리 계약을 했다. 알베르토 카스트로의 매니저는 알바레토 카스트로의 사촌형이었다. 그런데 타이틀매치를 하기로 계약을 한 이후 알베르트 카스트로는 권순천의 경기 모습을 보고, 자신이 승산이 없고, 대전료(1만 달러)가 싸다는 이유로 권순천과의 대전을 거부했다. 그러자 매니저가 부랴부랴 카라발로 프로레스를 알베르토 카스트로로 위장, 선수경력증을 만들어서 IBF와 KBC에 제출한 것이다.

가짜 세계타이틀매치 소동에 가장 큰 피해를 본 사람은 프로복싱이 한창 흥행하던 한국 최고의 프로모터였던 전호연씨였다.

가짜복서 사건 당사자인 카라발로 프로레스, 매니저 토레스 등은 모두 출국정지를 당한 후 입건되었다가 바로 풀려났다. 그러나 전호연 씨는 무려 10개월 수감생활을 해야 했다.

알베르트 카스트로가 가짜 선수라는 것을 안 시점이 언제냐에 따라서 문제가 엄청나게 달라지는 것이다. 만약 경기 전에 가짜복서라는 것을 알았다면, 사건의 당사자로 전 국민을 상대로 사기를 친 파렴치범이 되는 것이고, 경기를 한 이후에 알았다면 전호연 씨는 오히려 피해자가 되는 것이다. 당시 담당 검사는 전호연 씨가 가짜 복서임을 알고도 타이틀매치를 강행한 중죄가 불가피하다며 기소를 한 것이다. 전호연 씨는 출감을 한 후에 기자회견을 갖고 자신의 억울함을 호소했다.

"가짜복서 사건으로 매스컴 등 전국이 시끄러우니까 청와대에서 빨리 문제를 해결하라고 지시를 했는데, 그 과정에서 나를 희생양으로 삼고 사건을 마무리 지은 것 같다."고 말했다.

이렇듯 가짜복서 사건으로 피해를 본 사람이 또 있다. 권순천은 가짜복서와 타이틀매치를 가진 직후 "알베르트 카스트르는 와다나베(당시 WBA 주니어 밴텀급 챔피언)만큼 펀치가 강했고, 파이팅이 좋은 선수라 매우 힘든 경기를 했다"고 말한 것이다. 가짜복서에게 겨우 12라운드 KO로 이기고, 또 그 선수를 칭찬까지 한 셈이다.

'가짜복서 사건'은 한국권투연맹(KBC) 양정규 회장까지 물러나게 하는 등, 한국 프로복싱사에 씻을 수 없는 오점을 남겼다. 가짜복서 사건은 프로야구, 프로축구, 민속씨름 출범으로 가뜩이나 위축된 프로복싱의 인기가 급격히 쇠락하는 계기가 된 것이다.

MBC청룡, 1983년 한국시리즈

우리나라에 프로야구가 존재하는 한 1983년 전기리그 우승팀 해태 타이거즈와 후기리그 우승팀 MBC 청룡의 한국시리즈는 영원한 숙제로 남게 될 것이다.

MBC 청룡이 최선을 다하지 않았다는 것이 여러 가지 정황으로 나타나는 데다, 이후 해태 타이거즈가 9번을 우승해 우리나라 프로야구 최고 명문팀으로 자리 잡는 데 결정적인 역할을 했기 때문이다. 더구나 당시 MBC 청룡의 김동엽 감독은 1997년, 59세를 일기로 돌연사 했기 때문에 더욱 미궁 속으로 빠질 수밖에 없게 되었다.

1983년 MBC 청룡과 해태 타이거즈 팀의 전력은 객관적으로 해태의 불세출 투수 선동열이 입단하기 전이었고, 전체적으로 투수력은 MBC, 타력은 해태가 약간 나았지만, 단기전 승부는 마운드에서 승부가 나는 경우가 많았기 때문에 MBC가 약간 우세했다고 볼 수 있다.

MBC에는 2.33의 방어율 1위를 차지한 하기룡, 0.682의 승률 1위 이길환을 비롯해 오영일·정순명·이광권·유종 겸 등의 투수진이 모두 최상의 컨디션을 유지하고 있었다. 반면 해태는 김성한이 투, 타에서 맹활약을 하고 있었고, 김용남·이상윤·황기선 그리고 재일동포 주동식 투수가 주축을 이루고 있었다.

해태는 김일권·김성한·김봉연·김준환·김종모 등 김씨 종친회를 이룬 타자들이 공격을 이끌고 있었고, MBC는 김재박·이해창·이광은·이종도·신언호가 중심 타선을 이루고 있었다. 그런데 MBC의 김동엽 감독이 코리언시리즈(당시는 한국시리즈를 코리언시리즈라 불렀다) 전체를 좌우할 1차전 선발 투수에 그동안 '신무기를 장착한 언더핸드 투수 이광권을 내겠다.'던 팬들과의 약속을 깨고 투구폼이 흔들리고 컨디션도 좋지 않았던 오영일을 기용한 것이다. 그러나 미국 유학길에서 돌아와 한국프로야구 첫 우승을 노렸던 해태 김응룡 감독은 예상했던 대로 원자탄 투수 이상윤을 기용했다.

해태는 1회 말 공격부터 오영일을 두들겼다. 1번 김일권 좌전안타, 2번 김일환 데드볼, 3번 김성한 3루수 실책으로 무사 만루. 해태는 5번 김종모의 2타점 2루타 등으로 3점을 얻어 앞서 나갔다. 해태는 2회에도 집중 2안타로 1점을 더 얻는 등 5회까지 집중 10안타로 7점을 뽑아 냈다. 그런데 김동엽 감독은 비참할 정도로 두들겨 맞고 있는 오영일 투수를 교체할 생각은 하지 않고 덕 아웃에서 팀 관계자들과 잡담을 나누는 등 도저히 프로야구 1년 농사를 마무리하는 수장다운 면모를 보이지 않았다. 결국 오영일은 완투패를 당했다.

오영일은 훗날 "평소 김 감독은 상대팀 타자 개개인에 대한 지시를 하나하나 꼼꼼히 하는 스타일인데 그날 김 감독은 분명히 될 대로 되라는 식이었다. 하지만 1차전이 적지인 광주에서 했기 때문에 경기를 일찍 포기해서 그런가 하고 크게 의심하지는 않았다."고 회상했다.

1차전이 끝난 뒤 광주의 해태 팬들 사이에서 유언비어가 나돌기 시작했다.

"전두환 정권이 광주사태(광주 민주화운동을 당시는 그렇게 표현했다) 등으로 사기가 떨어진 광주 시민들을 프로야구 우승으로 무마하려고 MBC청룡(특히 김동엽 감독)에게 로비를 했다."

"김동엽 감독이 광주 깡패들에게 협박을 당해 져 주기로 했다."는 등 MBC의 이해할 수 없는 패배를 놓고 말이 많았다. 그러나 잠실에서 벌어진 코리언시리즈 2차전에서는 더욱 이해할 수 없는 상황이 벌어졌다.

　당시 잠실야구장을 찾은 3만 500명의 야구팬들은 MBC 김동엽 감독이 1차전 해태 홈구장인 광주에서의 뼈아픈 1패를 보고, 설욕전을 기대하며 구름처럼 몰려든 것이다. 그래서 경기가 시작되기 전 유종겸을 선발로 내세웠다는 소식을 듣고 "아마 2회 내지 3회에는 에이스 하기룡이나 이길환으로 바꿀 거야.", "아냐 유종겸은 가짜 선발이고, 공 몇 개 던지고 (하)기룡이로 바꿀 거야."라며 수군거리고 있었다. 유종겸은 2회까지 해태 타선을 잘 막아냈다. 그러나 문제의 3회초 해태 공격, 유종겸은 선두 타자 서정환에게 안타를 얻어맞은 뒤 차영화를 볼넷으로 내보내 무사 1, 2루의 위기를 자초했다. 이때가 유종겸을 다른 투수로 바꿀 적절한 기회였다. 유종겸은 힘에 부치는지 자꾸 어깨를 추슬렀다. 이때 해태에서 전혀 예상치 않은 더블 스틸을 성공시켜 무사 2, 3루가 되었다. 그러자 김응룡 감독이 승부수를 띄웠다. 김일환 대신 양승호(전 롯데 감독)를 대타로 기용했다. 그렇다면 MBC도 강속구 투수인 하기룡이나 컨디션이 좋은 이광권(SBS 해설위원)으로 교체를 할만도 한데 김동엽 감독은 계속 팔짱만 낀 채 나 몰라라 하고 있었다.

양승호는 구위가 떨어진 유종겸을 좌익수 키를 넘기는 2루타로 통타, 해태가 2:0으로 앞서가기 시작했다. 이후 해태가 3점을 더 내고 MBC가 한 점을 만회해 7회까지 5:1로 해태가 앞서고 있었다. 그러나 7회 말 MBC 공격에서 에러와 안타 2개를 묶어서 3점을 따라 붙어 4:5로 한 점 차가 되어 승패를 알 수 없게 되었다.

이제는 MBC가 투수를 바꿔야 한다는 것은 삼척동자(三尺童子)도 아는 거였다. 그러나 김동엽 감독은 8회 초에도 유종겸을 그대로 마운드에 올렸다. 유종겸은 집중 4안타를 얻어맞고 3점을 더 내주면서 연신 덕 아웃 쪽을 바라보며 구원을 요청했다(유종겸은 이때 힘이 소진되어 덕 아웃에 구원을 요청했으나, 김 감독은 눈을 마주치는 것조차 피하는 것 같았다고 술회했다). 유종겸이 형편없이 얻어맞고 있는데도 투수 교체를 하지 않자 MBC 응원석에서 원색적으로 비난하는 소리가 나오기 시작했다.

"김동엽, 돈 먹었다."

"김동엽, 물러가라."

해태 응원석에서도 마찬가지였다.

"이거 프로야구야 아마추어 야구야."

"김 감독 왜 저래."

코리언시리즈 1, 2차전을 납득할 수 없게 해태에게 내준 MBC는 결국 83년 코리언시리즈에서 해태에게 1무 4패로 패하고 말았다. 왜 김동엽 감독은 코리언시리즈 1, 2차전에서 상식에 어긋나는 투수운영을 했을까?

그렇다면 83년 코리언시리즈 1, 2차전 고의패배 의혹을 받고 있는 김동엽 감독은 어떤 사람일까?

김동엽 감독은 풍운아였다. 1938년 10월 26일 황해도에서 태어나 평소에 "난 38 따라지야."라는 말을 자주했다. 6·25 때 월남해서 부산의 토성초등학교 때부터 야구를 시작하여 경복중·고등학교와 성균관대학을 나와 해군, 조흥은행에서 선수생활을 했지만, 선수생활은 그다지 화려하지 않았고 2년여 동안 심판을 했다. 1971년 건국대학교 창단 감독을 시작으로 창단 감독만 4번 했고, 스파르타식 훈련으로 유명했는데, 프로야구가 생기기 전 아마추어 롯데팀을 맡아 동계훈련으로 부산에서 서울까지 구보를 시킨 것은 유명한 일화다. 그러나 직설적이고 타협을 모르는 성격 탓에 13번 우승을 차지했지만, 또한 13회나 감독직에서 해임을 당하는 불운을 겪었다. 그는 평소에 "잘라라 잘라."라는 말을 자주 했었다.

1982년 1월 프로야구 원년 해태 타이거즈팀을 맡았지만 시즌 시작 직후인 4월 28일 경질되어 프로야구 최단기간 감독으로 남아 있다.

프로야구 감독 때에는 빨간 장갑을 끼고 독특한 제스처와 쇼맨십 등으로 관중들을 사로잡아 '빨간 장갑의 마술사'라는 별명을 얻기도 하였다. 그러나 술이 한 잔만 들어가도 난폭해지는 괴팍한 성격 때문에, 말년에는 가족들과 헤어져 혼자 살다가 1997년 4월 10일 사망한 채 발견되었다.

비운의 복서 김득구

1983년 1월 30일 각 일간 신문은 전년(1982년 11월 18일) 사망한 비운의 프로복서 김득구 선수의 어머니 양선녀(당시 67세) 씨가 1월 29일 오후 2시 30분경 음독자살했다는 비보를 전했다.

양씨는 아들 김득구의 시신을 동네 뒷산에 묻은 후 일절 바깥출입을 하지 않았다. 그녀는 남편 김호열(당시 66세) 씨가 집을 비운 낮 시간이면 혼자 단칸방에서 아들의 유품인 복싱가운, 운동화, 트레이닝복, 복싱 글러브 등을 안고 우두커니 앉아있는 경우가 많았다. 그러던 양씨가 아들의 49제를 지낸 1983년 1월 4일, 마치 아들의 분신인 양 소중하게 간직해 왔던 유품들을 모두 불태워 버렸다. 이때부터 벽에 걸린 아들의 영정사진을 쳐다보며 "나도 저놈을 따라 가야지."라며 통곡을 하곤 했었다.

양씨는 김득구가 숨진 뒤 받은 보상금으로 강원도 고성군 거진읍 반암리 오리나무 골에 아들의 묘를 새로 단장하기 위해 6백 평의 땅을 사들이고, 마을 주민들을 위해 당시로는 거금인 150만 원을 들여 민간유선방송 시설을 해 주었다. 그리고 고성군 체육회에 5백만 원을 기증하는 등 비명에 간 아들의 넋을 기리기 위한 사업을 벌였다.

　이같이 자신의 주변을 정리하던 양씨는 남편 김씨에게 "내가 먼저 저세상으로 가게 되면 수의를 따로 만들지 말고, 미국에서 득구가 사경을 헤맬 때 내가 입고 있었던 한복을 입혀 주세요."라고 부탁을 하기도 했다. 그리고 내가 득구 곁으로 가면 동네 뒷산 '김득구 공원묘지'에 묻어 달라고 입버릇처럼 말했었다. 이렇듯 양씨는 아들 김득구가 사망한 이후부터 줄곧 '죽음' 또는 '자살'이라는 단어를 머릿속에서 담고 있었나 보다. 양씨에게는 김득구뿐만 아니라 배 다른 두 아들, 남편 김호열 씨가 전처 사이에 낳은 김근식(당시 41세), 근익(당시 39세) 씨도 있었다. 그러나 아들 삼형제 가운데서도 항상 돌멩이처럼 험하게 살아온 자신이 낳은 김득구를 가장 불쌍하게 생각했었다고 한다.

　양씨는 한글을 깨우치지 못해 자살을 하면서도 유서 한 통 남기지 못했다. 그러면 양씨는 왜 자살을 한 것일까?

양씨는 김득구가 미국의 레이 맨시니와의 WBA 라이트급 타이틀매치에서 14회 KO패를 당한 뒤 사경을 헤매다가 최종 사망이 확인된 11월 17일 오후 5시 55분(미국 현지시간)부터 불과 25분밖에 지나지 않은 6시 20분, 김득구의 유해가 안치된 라스베이거스 데저트 스프링스 메디컬 플라자 병원에서 기자회견을 갖고 "내 아들의 영원한 삶을 위해 필요한 장기를 기증하겠다."는 한국 사회에서 장기기증문화가 거의 없었던 당시 충격적인 발표를 했다.

그러면 양씨의 자살이 단지 불쌍한 아들 김득구의 사망 때문인지, 아니면 당시 한국 사람들에게는 생소한 장기기증을 타의로 한 죄책감 때문이었는지 김득구와 맨시니의 세계타이틀전이 벌어지던 시점으로 되돌아가 보자.

1982년 11월 13일, 미국 라스베이거스 시저스 펠리스 호텔 특설 링에서 세계타이틀이 벌어지기 직전 예상은 21살의 젊은 챔피언 맨시니가 27살의 아시아 출신 복서 김득구보다 6:4 정도로 우세하다는 게 국내외 복싱인들의 전망이었다. 맨시니는 폭발적인 좌우 훅을 상표로 '붐붐'이라는 별명을 얻을 정도로 미국에서도 인기가 높은 특급 챔피언으로 미국선수로는 드문 백인이었다. 더구나 복서 출신인 아버지가 이루지 못한 꿈을 아들이 이뤄냈다는 드라마틱한 요소도 그의 높은 인기에 한몫을 했다.

김득구도 맨시니의 엄청난 펀치 위력을 감지하고 있었는지 "링 위에서 죽겠다는 각오로 싸우겠다."며 죽겠다는 말을 여러 번 했다.

김득구는 공이 울리자 배고프고 서럽던 17년간의 한을 풀기라도 하듯 통렬한 왼손 스트레이트(김득구는 왼손잡이)를 맨시니의 안면에 터트리기 시작했다. 맨시니도 챔피언다운 면모를 보여주며 양 훅을 터트리며 김득구의 안면을 붉게 물들여 놓았다. 객관적으로 볼 때 9라운드까지는 김득구가 1~2점을 앞선 내용의 경기였다. 10라운드, 잘 싸우던 김득구는 맨시니가 머리를 숙이고 들어오자 뒤통수를 가볍게 쳤다. 그러자 주심이 김득구에게 반칙을 선언했다. 이때부터 김득구의 페이스가 떨어지기 시작해 13라운드까지 오히려 2~3점이 뒤졌다.

운명의 14라운드, 김득구는 자신은 도전자고 맨시니가 세계챔피언인데다, 원정경기라는 점을 감안하여 판정으로 가면 승산이 없다고 판단했는지 공이 울리자 용수철처럼 튀어나가 맹공격을 하기 시작했다. 그러나 김득구의 몸은 마음처럼 따라주지 않았다. 라이트 훅이 크게 빗나가자 오히려 맨시니의 라이트 훅이 김득구의 안면에 작렬했다. 김득구의 크게 휘어 치는 레프트 훅이 빗나가자, 다시 맨시니가 김득구의 턱에 묵직한 라이트 훅을 터트렸다. 충격을 받은 김득구는 뒤로 쓰러지면서 로프에 2차 타격을 입었다. 주심은 김득구가 르프를 잡지 못하고 다시 쓰러지자 카운트도 없이 곧바로 맨시니의 KO승을 선언했다. 김득구는 KO패를 당한 뒤 일단 일어서서 의자에 앉았으나 이후 곧바로 의식을 잃고 식물인간이 되었다. 김득구는 들것에 실려 쓰러진지 25분 만에 데저트 스프링스 메디컬 플라자 병원에 도착, 1차 수술을 받은 뒤 약 6시간이 지난 14일 새벽 1시 차차 호전되어 가는 것으로 나타났다.

  1차 수술을 집도했던 헤머그램 박사는 "수술 경과가 조금씩 나아지고 있다. 눈동자의 반응이 살아나고 있어서 2차 수술 계획을 취소했다."고 말할 정도였다. 그러나 헤머그램 박사의 수술 소견과는 달리 김득구의 증세는 점점 악화되었고, 급기야 소생불능, 식물인간이라는 진단을 받기에 이르렀다.

  한편 김득구의 고향인 강원도에서 TV로 아들이 싸우는 모습을 지켜봤던 어머니 양선녀 씨는

  "집에는 MBC-TV가 나오지 않아 간성에 있는 큰 아들

의 집에서 경기를 지켜봤는데, 13라운드부터 정전이 돼 경기의 마지막 부분은 보지 못했다. 아들이 수술을 받았다고 하는데 미국에 갈 여비가 없다."며 발을 동동 구르고 있었다. 양씨가 돈이 없어서 미국에 갈 수 없는 형편을 아들 근식 씨가 한국권투위원회에 연락하여 양씨는 체육부의 주선으로 미국에 갈 수 있었다. 양씨는 김포공항을 떠나면서 "내 아들을 꼭 살려내야 한다. 다른 사람들은 득구가 죽을 것이라고 하지만, 나는 그 말을 믿을 수가 없다. 내 아들이 왜 죽어!"라며 대성통곡을 하기도 했다.

한편 미국을 비롯한 전 세계의 매스컴들은 세계타이틀 매치 도중 도전자가 죽음 직전에 이른 사건이기 때문에 연일 대서특필하고 있었다. 미국에 도착한 양씨는 양의 사뿐 아니라, LA에서 데려온 한의사 4명이 치료를 포기하자 김득구의 생명을 연장시켜 주던 산소 호흡기를 떼는 데 동의하지 않을 수 없었다.

김득구가 사망하자 ABC-TV, NBC-TV 등 대부분의 미국 방송들은 김득구의 사망 소식을 5분 정도 집중적으로 보도를 했다. 더구나 양씨가 아들의 장기를 기증하겠다고 기자회견에서 발표하자 미국 매스컴들은 일제히 찬사를 보냈다.

《라스베이거스 선》지의 조지 스타이리시 기자는 "김득구의 장기기증은 동서양을 초월한 생명의 외경 사상을 보여줘, 전 미국인들에게 감명을 주었다."고 말했다. 양씨(대부분의 한국인들은 생각지도 않았던)의 '기습적인 김득구 장기기증'은 거의 일주일 동안 세계의 관심을 모았던 '김득구 사건'의 대미를 장식하였다. 그렇다면 낯 놓고 기억자도 모르던 양씨의 장기기증은 누구의 머리에서 나온 것일까?

당시 아버지 김호열 씨는 "아니 제 심장을 달고 가야지 남에게 떼어 준다는 게 말이 됩니까? 설사 장기기증을 한다고 하더라도 우리나라 사람에게 해야지……. 아마 누가 집사람을 집요하게 설득했을 겁니다."라고 말했다. 김씨는 "아들을 먼저 보낸 게 가슴 아팠겠지만, 만약 누가 시켜서 장기를 기증했다면 더욱 괴로웠을 겁니다. 오죽하면 농약을 마셨겠습니까."라고 안타까워했다.

1982년 제5공화국이 미국의 견제를 받을 때였다. 당시 김득구의 장기기증으로 미국이 한국에 대한 감정이 조금이나마 부드러워졌던 게 사실이다.

김득구의 사망은 어머니 양씨의 자살뿐 아니라, 경기

의 주심을 맡았던 리처드 그린씨도 심한 우울증에 시달리다가 그로부터 7개월 후에 자살했고, 당사자인 맨시니도 심한 우울증을 앓다가 겨우 극복하여 현재는 '챔피언 픽처스'라는 독립영화 제작자로 있다.

한편 김득구 사망 당시, 약혼자 이영미 씨는 임신 중이었는데 유복자 김지완이 태어났다.

2011년 6월 23일 미국 산타모니카에서는 김지완과 맨시니 그리고 이영미 씨가 뜻 깊은 만남을 가졌다. 맨시니는 두 모자에게 "난 그 사건 이후 평생을 죄책감에 파묻혀 살았습니다. 복싱에 대한 열정도 다 사라졌지요."
"저도 사실 당신과 아버지가 싸우는 경기를 지난해 6월에야 (녹화한 것을) 봤습니다. 링 위에서 당신의 주먹에 얻어맞아 처절하게 쓰러진 후 들것에 실려 나가는 아버지의 모습을 보고 증오심이 끌어 올랐는데, 차분하게 생각해 보니 아버지의 죽음이 당신의 잘못이 아니라는 믿음이 생기더군요." 김지완 씨는 서울에서 치과의사로 활동하고 있다.

프로복싱은 김득구 사망 이후 세계타이틀매치를 15라운드에서 3라운드 줄여 12라운드로 치르고 있다.

김연아와 브라이언 오서 코치의 이별

갑신정변을 주도했던 김옥균과 가까웠던 신기선이라는 양반은 서양인들이 테니스하는 것을 보고 "아니, 아랫것들을 시키지 왜 직접 뛰어다니시오?"라고 말한 것이 1890년대 초였다.

1895년 체조가 학교 교과목에 처음 포함된 이후 축구·야구·정구·마라톤 등이 보급된 지 100여 년이 지났다. 그동안 한국 스포츠는 많은 국위선양을 했다.

오죽하면 정치가 스포츠의 10분의 1만 해 줘도 벌써 선진국이 되었을 것이라는 말이 나왔을까?

실제로 과거의 차범근에서부터 현재의 박지성·박찬호·추신수·류현진·손흥민에 이르기까지 선수 한 명이 국가를 위해 기여하는 게 대사 열 명보다 낫다. 그렇다면 우리나라에 스포츠가 도입된 이후 100여 년 동안 가장 큰 업적을 올린 선수(팀)는 누구일까?

1936년 베를린 올림픽에서 비록 일장기를 달았지만 마라톤 금메달을 딴 손기정과, 그로부터 56년 후 바르셀로나 올림픽 마라톤에서 금메달을 딴 황영조, 애틀란타 올림픽 은메달, 보스턴마라톤 우승, 아시안게임 마라톤 2연패를 한 이봉주, 1966년 사상 처음 프로복싱 챔피언에 오른 전 WBA 주니어 미들급 챔피언 고 김기수, 1976년 몬트리올올림픽에서 사상 처음 올림픽 금메달을 딴 레슬링의 양정모, 1980년대 독일분데스리가에서 10년 가까이 활약하면서 308경기에 출전해서 98골을 터트리며 '차 붐'을 일으켰던 차범근, 2002년 한일 월드컵에서 기적의 4강을 달성한 히딩크 감독의 축구대표팀, 2007년 멜버른세계수영선수권대회와 2008 베이징 올림픽 남자수영 자유형 400m 금메달리스트 박태환, 세계축구 최정상인 프리미어리그에서 5년 이상 활약하면서 한국 축구의 위상을 드높인 박지성, 메이저리그에서 아시아선수 최다승을 달성한 박찬호……등.

그러나 냉정하게 평가하면 2010 밴쿠버 동계올림픽 여자 피겨싱글에서 228.56점이라는 엄청난 점수로 금메달을 딴 김연아 선수가 그 어느 업적보다 나으면 낫지 뒤지지 않는다. 김연아가 세계정상에 오른 피겨스케이팅은 한국의 대표적인 취약종목이었다. 김연아 이전의 한국

피겨는 올림픽에서 메달은커녕 올림픽 출전권조차 제대로 따내지 못했다.

김연아는 천부적인 자질과 끊임없는 노력으로 세계정상에 올랐다. 2006년 토리노 동계올림픽 때 아시아선수로 첫 금메달을 딴 일본의 아라카와 시즈카가 있지만 아라카와 시즈카는 그야말로 운이 좋아서 금메달을 딴 경우다. 마침 올림픽이 열릴 당시 아라카와 시즈카의 컨디션이 좋았고, 라이벌 선수들이 실수를 했다.

여자 피겨는 그 밖에도 초창기 올림픽 3연패를 이룬 노르웨이의 소냐 헤니(1928 생모리츠 동계올림픽, 1932 레이크 플래시드 동계올림픽, 1936 가르미슈 파르텐키르헨 동계올림픽)와 역시 올림픽 2연패에 성공했던 미모와 실력을 겸비한 동독의 카타리나 비트(1984 사라예보 동계올림픽, 1988 캘거리 동계올림픽)가 있었지만 세계 피겨 전문가들 가운데는 김연아가 역대 최고의 피겨 선수로 인정하는 사람들이 많다.

김연아가 밴쿠버 동계올림픽 때 획득한 쇼트프로그램 78.50과 프리스케이팅 150.06, 합계 228.56은 사실 상상도 할 수 없었던 엄청난 점수다. 김연아는 은메달을 딴 라이벌 아사다 마오(일본. 205.50점)를 무려 23.06점 차로 제쳤다.

한국피겨는 1968년 그르노블 동계올림픽 피겨스케이팅에 이광영(남자)과 김혜경, 이현주(이상 여자)가 처음으로 출전한 지 42년 만에 꿈의 올림픽 금메달을 그것도 완벽한 연기로 따낸 것이다.

AP통신은 김연아의 금메달 연기를 "피겨스케이팅 역사에서 가장 위대한 연기 중 하나"라고 극찬했고, 《스포츠 니폰》 등 아사다 마오를 배출한 일본의 대부분의 언론도 "완벽하고 압도적인 연기였다"고 김연아의 승리를 100% 인정했다. 이후 김연아는 미국과 세계주요 매스컴의 연말 10대 뉴스에 거의 빠짐없이 뽑혔다.

미국의 스포츠 전문 격주간지 《스포츠 일러스트레이트》지는 〈2010년 가장 기억에 남는 선수 10명〉, NBC 방송과 US 투데이선정 '올해의 여자선수' 그리고 《스포츠 아카데미》도 '올해 최고의 여자선수'로 김연아를 선정했다.

김연아가 밴쿠버 동계올림픽에서 역사적인 성적인 올림픽 금메달을 딴 지 6개월가량이 지난 2010년 8월 말, 김연아가 4년여 동안 자신을 지도했던 브라이언 오셔 코치와 결별했다는 소식이 국내외 스포츠계를 깜짝 놀라게 했다.

피겨스케이팅은 다른 종목과는 달리 선수가 감독을 고

용하는 형태를 취하고 있다. 코치 비용뿐 아니라 안무, 빙판 대여, 의상, 고가의 스케이트, 잦은 국제대회 출전비 등 비용이 많이 들기 때문에 비교적 여유가 있는 선수가 자신에게 맞는 유능한 코치를 기용해 훈련을 하고 경기에 출전하기 때문이다. 따라서 피겨 스케이팅계에서는 선수가 코치를 해고하는 것은 비일비재한 일이고, 아무런 하자가 없는 일이다. 그러나 김연아와 브라이언 오셔 코치는 밴쿠버 동계올림픽에서 금메달을 딸 때까지 별다른 잡음도 들리지 않았고, 오셔 코치는 크고 작은 대회에서 김연아가 연기를 할 때마다 링크 옆에서 마치 자신이 연기를 하듯 안타까워하거나 기뻐했고, 높은 점수가 발표될 때마다 김연아와 오셔 코치는 가볍게 포옹을 하며 함께 기뻐했다. 또 한국의 전자제품 광고에도 함께 출연했고, 김연아의 아이스쇼가 있을 때는 오셔가 총연출을 맡고 직접 출연도 하는 등 좋은 모습을 보였던 국내외 팬들에게 엄청난 충격을 안겨 주었다. 이후 김연아와 오셔 측은 서로 약점만 물고 늘어지듯이 서로 상처를 내기 시작했다. 오셔는 김연아의 어머니 박미희 씨가 아무런 설명도 없이 일방적으로 해고를 통고했다며 피겨스케이팅계에서는 금기인 김연아가 다음 시즌에 연기할 프로그램 내용까지 폭로했다. 그러나 김연아 측은 지난 5월 다른 선수(아사다 마오) 코치 제의설로 인해 서로 불편한 관계를 유지해 왔으며, 이러한 불편한 관계로 인해 김연아가 지난 6월부터 사실상 혼자 훈련을 해오고 있었다. 불편한 관계를 해소하기 위해 8월 초 김연아 측은 오셔 코치에게 잠시 떨어져 지내자는 제안을 했고 오셔 코치도 이에 동의를 해서, 김연아는 데이비드 윌슨 안무코치와 단둘이서 훈련을 해왔다고 주장했다. 오셔와 김연아 그리고 어머니 박미희 씨가 한 치도 양보하지 않는 설전을 벌이고 있는 사이에 김연아가 어머니 박미희 씨를 거드는 발언을 하기도 했다. 이에 네티즌들은 김연아를 비난하는 글을 올리기도 했다. 어쨌든 자신을 올림픽 금메달리스트까지 만들어 준 스승에 대한 예의가 아니라는 것이다. 김연아와 오셔의 결별 이유를 놓고 벌인 설전은 흐지부지 끝이 났다. 그러나 김연아와 오셔의 결별 이유는 김연아 측 의견이 맞는 것으로 추정된다. 그 이유는 오셔의 소개로 알게 된 데이비드 윌슨 코치가 그대로 김연아의 안무를 맡고 있고, 오셔 코치는 김연아와 결별하게 된 이유를 제공한 일본 선수들을 계속해서 지도하고 있기 때문이다. 그리고 오셔 코치가 주장한 김연아 측에서 아무런 이유가 없이 갑자기 결별을 선언해서 섭섭했었다는 것도, 피겨스케이팅계에서는 흔히 있을 수 있는 일이어서 김연아 측에 법적인 것은 물론, 도의적인 책임도 물을 수가 없다.

김영신 포수의 자살

프로야구 출범이 30년이 지나면서 유명을 달리한 사람들이 나오기 시작하고 있다.

코칭스태프진 가운데는 삼성 라이온즈 초대 감독 서영무(뇌졸중), 전 해태 타이거즈, MBC 청룡 감독 김동엽(심장마비), 쌍방울 레이더스 수석코치 임신근(호흡곤란으로 인한 심장마비), 롯데 자이언츠 감독으로 있다가 현직에서 사망한 김명성(호흡곤란으로 인한 심장마비) 등이 있다. 그리고 프로야구선수 출신으로는 삼미 슈퍼스타즈 등에서 활약했던 재일동포 장명부(심장마비), MBC 청룡 등에서 수비형 포수로 활약한 심재원(폐암), MBC 청룡 외야수 김정수(교통사고), 해태 타이거즈 투수 김대현(교통사고), MBC 청룡 투수 김경표(교통사고), 해태 타이거즈 투수 김상진(위암), MBC청룡 포수 김용운(교통사고), 삼미 슈퍼스타즈 포수 김진우(심장병), 롯데 자이언츠 외야수 조성옥(간암), 롯데 자이언츠 강속구 투수 출신 박동희(교통사고), 해태 타이거즈 4번 타자 출신 이호성(자살) 등이 있다.

'핑계 없는 무덤 없다'는 말이 있듯 유명을 달리한 프로야구 선수(코칭스태프)들은 거의 모두 사망원인이 밝혀지고 있다. 그러나 명백한 자살로 드러난 이호성 선수 이외에 의문의 자살로 생을 마감한 선수가 있다. 국가대표 포수 출신으로 1985년 OB 베어스에 입단한 김영신 선수다. 국가대표 출신으로 기량이 좋았으나 프로 입단 후 김경문·조범현·정종현 같은 기라성 같은 선배들의 그늘에 가려 별로 활약을 못 했다. 그러니까 김영신의 불행은 '포수왕국'에 입단을 하면서 시작되었다고 볼 수 있다.

김영신은 1985년 OB 베어스에서 프로입단 첫해 겨우 13경기에 출전, 21타수 3안타(0.190)에 그쳤고, 1986년에는 9경기에 나가 11타수 1안타(0.091) 2년 동안 모두 22경기에 출전해서 32타수 4안타(0.156)의 참담한 성적을 남겼다. 당시 팀당 경기수가 1985년에는 110경기, 1986년에는 108경기라는 점을 감안하면 거의 덕 아웃에 앉아있기만 할 정도였다. 김영신은 1987년 1월, 그 어느 추운 겨울날 일산 앞 한강하류에서 의문의 변사체로 발견되었다. 당시에는 김영신이 OB 포수 터줏대감 김경문·조범현·정종현의 그늘에 가려 낙망한 나머지 자살을 한 것으로 보았다. 과연 김영신은 자살을 한 것일까?

당시 OB 베어스에는 사이좋게 안방 자리를 양분하고 있던 김경문과 조범현, 그리고 백업 포수 정종현이 버티고 있었다. 세 선수 모두 공격력은 그다지 뛰어나지 않았지만 수비형으로 프로야구 정상급 포수라는 평가를 받고 있었다. 김경문 포수는 당시 전성기를 누리고 있던 박철순 투수의 전담포수로 유명했다. 박철순은 메이저리그 밀워키 브루어스 팀에서 더블 A 수준까지 올라갔던 투수로 당시 한국 투수들이 듣도 보도 못한 너클볼을 주 무기로 했는데, 김경문 포수가 회전이 거의 걸리지 않는 너클볼을 잘 받아냈다.

박철순은 한국 타자들이 공통적으로 약한 몸 쪽 공을 잘 던졌는데, 김경문이 몸 쪽 공과 너클볼, 그리고 바깥쪽 공을 던지는 타이밍을 기가 막히게 잘 잡아냈다. 그래서 박철순이 자신보다 2살 어린 김경문을 매우 귀여워했다. 김경문은 1985년에 57경기에 출전 79타수 15안타(0.190)의 타율을 기록했다. 그리고 1986년에는 86경기에 나가 189타수 33안타(0.222)의 타율을 남겼다.

조범현은 투수를 리드하는 인사이드 웍과 미트 질이 좋았다. 도루 저지율 3년 연속 1위를 할 정도로 2루 견제에도 일가견이 있었다. 조범현은 1985년에 김경문보다 30경기가 더 많은 87경기에 출전해서 239타수 57안타(0.238)를 기록해 사실상 주전포수 역할을 했다. 1985년만 해도 박철순 투수가 허리 부상으로 마운드에 많이 오르지 않아 조범현 포수에게 더 기회가 많았었다.

조범현은 1986년에는 41경기에 출전해서 65타수 11안타(0.169)를 기록했다. 김경문이 박철순 투수의 전담 투수였다면, 조범현은 당시 최고 강속구 투수였던 계형철 투수의 전담포수였다. 계형철 투수의 공은 매우 빠른 140km대 후반에다 공 끝이 묵직했다. 조범현은 계형철 투수가 원바운드로 던지는 것까지 감안해서 블로킹 훈련을 할 정도로 용의주도한 포수였다.

1986년에는 김경문이 86경기에 출전해서 가장 많이 나갔고, 조범현 41경기 그리고 김영신은 겨우 9경기에 나갔을 뿐이다. 또한 정종현은 1985년 24경기, 1986년에 7경기에 출전했었다. 그러니까 당시 OB 베어스 안방은 김경문, 조범현이 양분하고 있는 가운데 정종현이 백업 포수로 있어서 김영신의 설자리는 별로 없었다. 김영신이 이에 실망을 했던 것도 사실일 것이다. 더구나 김영신은 OB 베어스에 들어오기 전까지 국가대표 포수였다. 김영신은 심재원 포수가 프로로 전향을 한 이후, 국가대표 포수로 한 번도 주전 자리를 빼앗기지 않았었다.

국가대표 포수 출신이 아무리 프로야구팀이라고 하지만 한 선수도 아니고, 두 선수 또는 세 선수에게 밀리고 있다는 것을 참을 수가 없었을 것이다. 그렇다고 김영신이 선배들과 나이 차이가 많이 나는 것도 아니었다. 김영신이 사망한 1987년 1월을 시점으로 김경문 29살, 조범현 27살, 정종현 27살 그리고 김영신이 26살이었다.

또한 프로야구는 트레이드 제도가 있어서 김영신이 다른 팀으로 가서 포수 생활을 할 수도 있었다. 프로야구에서 '포수는 최소한 5년을 키워야 실전에 쓸 수 있다'는 말이 있을 정도로 주전 포수가 되기까지는 시간이 많이 걸린다. 김영신은 국가대표 출신으로 기본기가 잘 잡혀 있기 때문에 조금만 노력하면 선배들을 따라 잡을 가능성이 충분히 있었다. 본인 마음대로 갈 수는 없지만, 코칭스태프(당시 김성근 감독)나 프런트에 트레이드를 요구할 수도 있었다.

그런데 김영신이 프로야구팀들이 본격적으로 동계훈련에 돌입하기 직전 1월 초 차가운 강물에 몸을 날린 것이다. 과연 김영신은 김경문·조범현·정종현 등의 벽을 넘지 못할 것 같아 비관한 나머지 자살을 택한 것일까? 혹시 야구 외적인 일, 즉 신병을 비관하거나 여자 친구 또는 밝힐 수 없는 또 다른 문제는 아니었을까? 그렇지 않으면 다른 곳에서 살해당해 강물에 유기된 것은 아닐까?

당시 OB 베어스(지금의 두산 베어스)는 김영신이 비록 자살(?)을 했지만 팀에 대해 고민을 많이 했고, 본인도 열심히 노력한 것을 높이 평가해 그가 달고 있던 번호 54번을 영구결번으로 정했다. 김영신의 영구결번 54번은 프로야구 최초였다.

농구 천재 김영일

19 76년, 한국 농구계의 큰 별 하나가 떨어졌다.
1960년대 초반부터 70년대 초반까지 10년 가까이, 센터로서는 크지 않은 신장 1m 88cm로, 한국 남자농구 대표팀의 센터로 활약한 고 김영일의 뜻하지 않은 죽음은 아직도 의문으로 남아있다.

김영일은 전국의 최고 수재들만 모인다는 경기고등학교에 입학시험을 치르고 들어갔고, 경기고등학교에서도 수영·수구·빙상·아이스하키 선수로 활약하면서 취미로 농구를 했다. 연세대학교 정치외교학과도 일반 학생들과 함께 시험을 치러 당당히 실력으로 들어갔고, 대학에 들어가서야 본격적으로 농구를 시작했다. 김영일은 한국을 대표할 만한 스포츠 가족의 일원이었다.

아버지 김성간 씨는 1930년대 조선 팀과 연희전문 축구팀의 센터포드와 주장을 겸했고, 어머니 김연경 씨도 이화여전에서 탁구선수를 했다. 김영일이 2남 2녀 중 장남

인데 누나 영실과 여동생 영옥은 수영을, 남동생 영백은 농구선수였다.

김영일은 이화여대에서 육상선수로 활약했던 장영희 씨와 결혼하여 완벽한 스포츠 일가를 이뤘다. 아마 생존해 있었다면 농구계에서 가장 성공한 고려대학교 출신 김영기 씨와 모든 면에서 쌍벽을 이뤘을 것이다.

김영일은 센터로는 작은 키였지만 명석한 두뇌로, 재치 있는 피벗 플레이와 지능적인 위치 선정으로 리바운드를 잘해 아시아 최고의 센터로 군림했었다.

1969년 12월 태국 방콕에서 벌어진 제5회 아시아남자농구선수권대회에서 한국남자 농구가 사상 처음 아시아를 제패하는 데 주역으로 활약했고, 이듬해인 1970년 6회 대회 결승전에서 장신 이스라엘을 꺾고 2연패를 하는 데 결정적인 역할을 한 한국 팀의 주전 센터이자 주장이었다.

이스라엘 팀은 평균 신장이 우리나라 센터 김영일보다도 2cm나 더 큰 1m 90cm였다. 신동파·이인표·김인건·유희영 등 당대 최고의 선수들이 함께 했지만, 골밑에서 2m가 훨씬 넘는 상대 팀의 장신 센터를 막아주는 김영일이 없었다면 아시아 정상은 어려웠다. 김영일은 1976년 5월 23일 전라남도 광주시 동성동 극락강변 철길 변사 사건의 주인공이 되어 34살의 아까운 나이에 농구계를 떠났다. 사고가 나기 나흘 전인 5월 19일부터 광주에서 열리고 있던 제31회 종별농구선수권대회에 자신이 감독으로 있는 한국은행 남자농구 팀을 출전시키기 위해 내려와 있었다. 발견 당시 사체의 머리 부분이 벗겨지고 오른쪽 두개골은 여러 군데 심한 타박상을 입었으며, 허리와 엉덩이 부분에도 찰과상을 입고 피투성이였다. 경찰은 사고 당일인 23일 오전 광주 유덕동 파출소에 수사본부를 설치했는데, 경찰은 처음에는 그의 사망원인을 자살이나 사고사보다는 타살로 추정하고 있었다.

경찰이 본 타살증거로는,

첫째, 소지품인 옷과 가방이 시체 옆에서 흩어지지 않은 채 발견되었고, 둘째, 다른 장소에서 죽여 옮겨다 놓은 것처럼 사체가 고스란히 엎드려 있었으며, 셋째, 김씨의 몸에서 기차표가 발견되지 않았다는 점에서 기차에서 가다가 추락하지 않았다는 것이다.

김영일씨의 변사체가 발견된 지점은 광주역에서 송정역 방향으로 6km쯤 떨어진 곳으로, 인적이 드문 철길 부근이었다. 사망 당시 짙은 회색 트레이닝 윗도리와 바지를 입고 있었는데, 시계·반지·가방 그리고 현금 3만 원이 그대로 남아있었다며, 부검에 의하면 머리 부상이 사망의 직접적인 원인이었고, 23일 새벽 4시부터 5시 사이에 사망한 것으로 추정을 했다. 그런데 광주역 당국에 의하면 김영일씨가 숙소를 빠져나온 새벽부터 사망 추정 시간까지 약 3~4시간 동안 광주에서 출발해 목포 방향으로, 극락강변을 지난 기차는 4시 6분 광주 발 보통급행과 5시 25분 광주 발 급행 등 2개의 열차뿐이었다. 두 대 모두 서울행이 아니라 목포행으로 김영일씨가 술에 취해 서울행으로 잘못 알고, 목포행 기차를 탄 게 아닌가 하는 의구심도 들지만, 김 씨가 사고 나기 불과 3개월 전까지 한국은행 광주지점에 1년 3개월간 근무를 했다는 점으로 미뤄 신빙성이 떨어졌다. 그렇다면 김 씨는 왜 하필 기찻길 옆에서 사망한 것일까? 그리고 자살일까 타살일까?

당시 체육부 기자들은 변사사건에 대한 경험이 많지 않았음에도 불구하고 현장검증을 한 형사들과 수사본부장의 발표를 곧이들으려 하지 않았다. 처음에는 타살에 무게를 뒀던 수사관들이 시간이 지날수록 자살 또는 사고사로 심증을 굳혀갔다. 사건을 취재하던 기자들 사이에서는 "수사관들이 범인을 잡지 못할 것 같으니까 자살로 몰고 가는 모양이다. 우리가 적극적으로 수사를 하도록 독려하자."는 말이 오가기도 했다.

농구인들 사이에서 타살에 비중을 두고 있는 사람들은 '김영일 씨가 아무리 술을 많이 먹었다고 하더라도 그 시간에 극락강변 철길에 갈 이유가 없다. 더구나 통행금지가 있는데 새벽 2시에 숙소를 나와 어떻게 거기까지 갈 수 있는가."라고 반문했다. 그러나 사고 또는 자살이라고 주장하는 사람들은 "김영일 씨가 숙소를 나와 극락강변 철길까지 가는 동안 방범대원이 목격을 했고, 주머니 속에 있던 3만 원도 그대로 있다. 만일 누가 살해했다면 강도 사건으로 위장을 하기 위해서라도 돈은 가져갔을 것이다."라고 말했다. 그러나 이들은 자살에 대해서는 반문하지 못했다.

사고 무렵인 70년대 중반, 한국 성인남자 농구는 김 씨가 감독을 맡았던 한국은행과 신현수의 산업은행 그리고 신동파의 기업은행이 치열한 3파전을 벌이고 있었다. 3팀 가운데 신동파가 소속되어 있던 기업은행의 전력이 약간 앞서 있었지만, 대회가 열릴 때마다 우승팀을 예측하기 어려웠다. 그런데 김 씨가 한국은행 팀 감독을 맡은 뒤 데뷔전인 제31회 종별농구선수권대회 첫 경기에서 가장 약한 전매청에게 83 : 90으로 패했다. 전매청에는 불세출의 가드 유희영이 있었지만, 그 밖의 선수들이 무명이라 항상 최하위에 머물렀던 팀이었다.

김영일씨는 경기가 끝난 뒤 선수들이 정신력이 해이해서 패했다고 판단하여 심하게 꾸짖었다. 결국 그 대회는 유희형 만이 유일한 국가대표인 전매청이 팀 창단 이후 첫 우승을 차지했고, 한국은행은 최하위로 처졌다. 대회가 끝난 후 김영일씨와 코칭스태프는 크게 실망한 나머지 광주 시내의 호텔과 술집을 전전하면서 3차까지 술을 마시며 울분을 감추지 못했다.

김 씨는 숙소에 돌아와서도 한국은행 팀 선수들에게 "이 상태로는 더 이상 팀을 맡을 수 없다. 내가 팀을 떠나겠다."며 선수들이 극구 말리는 데도 한사코 뿌리치며 숙소를 빠져나갔다. 그때가 사망 추정시간 2~3시간 전인 새벽 2시경이었다. 사건 발생 후 수사본부를 설치했던 광주 유덕 파출소와 관할 경찰서는 김영일 씨의 사망을 미제사건이 아니라, 단지 열차에 의한 변사사건으로 처리했다.

어떻게 IOC 위원이 되었을까?

국제올림픽위원회, 즉 IOC 위원은 무보수이지만 '올림픽 개최지 결정', '올림픽 정식종목 채택'에 대한 의결권을 가지고 있고, 스위스에 본부를 둔 국제올림픽위원회(IOC)에서 각국에 파견하는 형식을 취하고 있기 때문에 더욱 막강한 권한을 갖는다.

IOC 위원 한 명 한 명이 바로 IOC를 대표하는 IOC대사 역할을 하기 때문에 IOC 위원들은 각국을 방문할 경우 '국가원수'에 준하는 대우를 받는다.

선진국은 대개 올림픽 금메달, 혹은 올림픽 출전 경력을 갖고 있는 선수 출신이거나, 스포츠 스타플레이어, 왕자나 공주 그리고 그 나라의 덕망 있는 인사가 IOC위원이 되는 경우가 많지만, 후진국일수록 스포츠와는 그다지 관련이 없는 정치인이나 재벌들이 IOC위원을 차지하고 그 지위를 이용해 각종 이권을 챙기는 경우가 많다.

한국의 초대 IOC위원인 이기붕 씨는 초대 대통령 이승만의 비서, 서울시장, 국방부장관을 지냈을 뿐 아니라, 1951년에 이승만의 지시로 자유당을 창당, 중앙위원회 의장에 취임하는 등의 막강한 권력을 휘둘렀다. 이기붕 씨는 1954년 민의원에 출마하여 당선된 후 민의원 의장에 올랐고, 그 지위를 이용해 1955년 초대 IOC위원이 되었다. 당시 이승만에 이어 실질적인 2인자였다. 이기붕은 1960년 3월 15일 대통령 선거에서 공개 부정선거로 부통령에 당선되었다. 그러나 3·15부정선거에 항의하는 4·19혁명이 일어나자 부통령을 사임하고, 지금의 청와대인 경무대에 피신해 있다가 당시 육군 장교이던 장남 이강석의 권총에 맞아 비참한 최후를 마쳤다.

2대 IOC 위원 이상백 씨는 이기붕 씨만큼의 권력은 없었지만, 그 대신 학계, 스포츠계에서 스펙이 매우 화려했다. 이상백 씨는 대구고보를 나와 일본 와세다대학교 부속 제일고등학원을 졸업하고, 1924년 와세다대학 철학과에 입학해 농구부 주장이 되었고, 와세다 대학원에서는 동양학을 전공했다.

이상백은 일본에서 농구계뿐 아니라 체육계 전반에 걸쳐서 활발하게 활동을 해 일본 체육회 전무이사까지 지냈으며, 광복 이후에는 서울대학교 문리과대학 교수, 문학박사, 대한민국 학술원 회원으로 조선왕조사 연구에도 많은 업적을 남겼다.

체육인으로서는 8·15광복 후 '조선체육동지회'를 창설하여 위원장을 지냈고, 1946년 조선체육회 이사장, 1951년 대한체육회 부회장에 취임하였다. 이후 1956년 멜버른올림픽 등 3번의 올림픽에서 한국올림픽 대표 팀의 단장 등으로 지냈다. 1964년 2대 IOC 위원에 선임되었으나, 1966년 사망하여 2년밖에 활동하지 못했다.

3대 IOC 위원 장기영 씨는 언론계, 체육계에서 화려한 스펙을 자랑한다. 장기영 씨는 1934년 선린상업학교(지금의 선린 인터넷 고)를 졸업하고 은행에 입사, 1948년 조사부장이 되고, 1950년 부총재로 승진하였다. 한국은행에 입사한지 19년만인 1952년에는 언론계로 자리를 옮겨 《조선일보》 사장에 취임하였고, 1954년 《한국일보》를 창간하고 기존의 《코리아타임스》 사장을 겸하였다. 장기영 위원은 1961년에는 국제 언론인협회(IPI) 국내 초대회장이 되고, 그 해 대한체육회 부회장에 취임하였다. 또한 1964년 부총리 겸 경제기획원 장관에 기용되었으며, 2대 IOC 위원 이상백 씨가 사망한 이듬해 3대 IOC 위원이 되었다.

4대 IOC 위원인 김택수 씨는 정재계에서 화려한 이력을 자랑한다. 김택수 씨는 1952년 서울대 법대를 졸업하고, 1963년 박정희정부 출범과 함께 민주공화당에 입당하면서 곧바로 국회의원 선거(김해)에 당선되어 이후 원내총무를 맡는 등 민주공화당 내 실력자로 군림한다. 1961년 경상남도체육회 회장을 비롯하여, 1966년 아시아 아마추어복싱연맹 회장 겸 세계아마추어복싱연맹 부회장, 1971년에는 대한체육회장 겸 한국올림픽위원회위원장을 맡았고, 1977년에는 IOC 위원이 되었다.

5대 IOC 위원 박종규는 박정희 정권의 실세였다. 5·16 군사혁명 후 박정희 대통령의 경호책임자로 발탁되었고, 국가재건최고회의 발족과 동시에 경호 대장, 그리고 1963년 제3공화국 출범과 함께 육군대령으로 예편하여 청와대 경호실차장을 거쳐 1964년 대통령 경호실장으로 승진하였다. 이후 교육계와 체육계에 관여하여 학교법인 경남학원을 설립, 경남대학 이사장, 대한사격연맹 회장, 아시아 사격연맹 회장직 등을 맡기도 하였다. 1974년 8월 15일 재일동포 문세광에 의한 대통령 저격사건으로 인하여 육영수 여사가 서거한 후 책임을 지고 경호실장에서 물러난 뒤 세계사격연맹부회장, 1979년에는 10대 국회의원(현 창원)에 당선, 공화당체육분과위원장을 역임하였다.

1979년 대한체육회장 겸 대한올림픽위원회위원장, 태릉 푸른동산 이사장, 아시아경기단체총연맹회장을 거쳐, 4대 IOC 위원 김택수 씨가 사망(83년)하자 이듬해인 1984년 IOC 위원이 되었다.

이와 같이 초대 IOC 위원 이기붕 씨부터 5대 IOC 위원 박종규 씨까지 한국의 IOC 위원들은 정계, 재계, 학계 등에서 모두 정상권에 있던 사람들이었다. 그러나 김운용 씨는 외무부장관 비서관, 주미한국대사관 참사관, 대한태권도 협회장, 국기원 설립, 세계태권도 연맹총재가 전부일 정도로 선배 IOC 위원 선배들과는 비교할 수 없을 정도로 스펙이 모자랐다. 더구나 국내외 태권도계에서 잡음이 일고 있는 터라 당시 막강한 권력을 휘두르고 있던 전두환 대통령은 태권도계의 수장인 김운용 씨를 좋게 보지 않고 있었다. 그래서 동생 전경환 씨를 내세워 정화를 하려고도 했었다. IOC 위원이 되려면 그 나라 정부와의 관계가 껄끄러워서는 곤란하다. 특히 후진국가에서는 거의 절대적이다. 청와대는 김운용 씨가 IOC 위원이 되는 것을 달갑지 않게 생각하고 있었다. 그러자 김운용 씨는 양동작전을 폈다. 국내에서는 전두환 대통령 친구인 차기 대통령 후보 노태우 씨를 설득했고, 자신의 연세대 후배 체육부장관 이영호 씨도 엄호사격을 하도록 했다.

외국에서는 당시 IOC 위원장인 고 안토니오 사마란치와 핫라인을 만들어 놓고 있었다.

당시 전두환에 이어 2인자 역할을 했던 노태우 씨와는 서울에서 대구로 내려가는 열차에 함께 탑승을 해서 4~5시간 동안 대화를 나누며 환심을 사 자기편 사람으로 돌려놓았고, 사마란치는 태권도를 매개체로 자주 접촉을 해서 많은 환심을 사고 있었다. 사마란치는 내심 김운용 씨를 한국의 6대 IOC 위원으로 내정해 놓고 있었는데, 한국 정부에서 자꾸 다른 사람을 추천하니까 나중에는 한국 정부에 거의 협박을 하다시피 했다.

"한국에서 86 서울 아시안게임과 88 서울 올림픽을 IOC 위원 없이 치르려 하느냐"는 내용이었다. 결국 한국정부는 사마란치의 협박 아닌 협박에 굴복하고 말았다. 김운용 씨는 IOC 위원이 된 이후 영어·스페인어·프랑스어 등 5개 국어에 능통한 언어능력과 특유의 친근한 마인드로 세계스포츠계의 거물로 성장, IOC의 돈줄인 텔레비전 분과위원장, IOC 부위원장까지 지냈다. IOC 위원으로 있으면서 태권도의 올림픽 정식종목 채택, 이건희 씨가 IOC

위원에 선임되는데 결정적인 역할을 하는 등 한국 스포츠외교 사상 최고의 업적을 남겼다. 그러나 공(功)이 큰 만큼 과(過)도 커서, 개인비리 등으로 IOC 부위원장 등 모든 공직에서 물러나 감옥 신세를 져야 했었다. 김운용 위원이 물러난 이후 한국 스포츠는 '평창동계올림픽 유치 3수 만에 겨우 성공', '2022년 월드컵 유치 실패' 등 스포츠 외교부재를 절감하고 있다.

김운용 씨 이후 앞서 언급한 이건희(삼성그룹 회장), 박용성(두산 그룹 회장) 등이 IOC 위원이 되었고, 국제유도연맹 회장 자격으로 IOC 위원이 되었던 박용성 씨는 국제유도연맹 회장에서 물러나면서 IOC 위원직을 내놓았다.

IOC 위원은 115명의 정원(평균 110명 정도)을 유지하고 있다. 이건희 씨 같은 개인자격 70명, 문대성 씨 같은 선수 위원 15명, 유도·복싱·핸드볼 등 국제경기 단체장 15명, 그리고 각국 올림픽위원회 위원장 15명 등이다.

1966년 이전에 IOC 위원이 된 사람들은 자격이 본인이 사망할 때까지 영구적으로 유지되고, 1966년 이후 1999년 이전에 IOC위원이 된 사람들(이건희 1996년)은 만 80세까지 자격이 유지된다. 그러나 1999년 이후에 IOC 위원이 된 사람들은 IOC 위원의 노령화를 막기 위해서 임기가 70세로 제한이 된다.

 또한 동·하계올림픽 때 선수들이 직접 뽑은 선수 IOC 위원들, 문대성 위원처럼 상위 50% 선수위원 임기는 8년 (문 위원은 2008년 아테네올림픽부터 2016년 리우올림픽까지), 하위 50% 선수위원들은 임기가 4년이다.

김진영 감독의 구속

나는 새도 떨어트린다는 전두환 정권의 5공 치하에서 벌어진 웃지 못할 사건이 있었다.

1980년대 초반 5공 정권이 철권통치를 하고 있었지만, 프로야구 판은 재일동포 장명부의 천하였다. 일본에서 한 수 위의 야구를 했었던 장명부는 1983년 삼미 슈퍼스타즈에 입단하여 프로야구 원년 최하위였던 삼미 슈퍼스타즈를 에이스로 팀을 이끌어 나갔다. 개막 이후 2개월이 채 되지 않아 14승째를 올렸고, 삼미 슈퍼스타즈 팀은 프로야구 원년, 형편없는 승률로 최하위를 차지한 팀답지 않게 선두를 달리고 있었다. 장명부는 마운드에 올랐다 하면 완투를 했고, 승리를 거둔 다음 날도 또 마운드에 오르는 괴력을 발휘했다.

전성기를 지나서 마운드에서 공은 빠르지 않았지만, 제구력이 좋고 변화구가 능수능란해 한국 타자들을 데리고 놀았다.

1983년 6월 1일 삼미 슈퍼스타즈는 2위 해태 타이거즈에게 1.5게임 차 박빙으로 선두를 달리고 있는 가운데 MBC 청룡을 만났다. 삼미 슈퍼스타즈는 하루 전인 5월 31일 경기에서 MBC 청룡에게 2 : 3으로 역전패를 당했기 때문에, 오늘만은 반드시 이겨서 2위 해태 타이거즈와의 게임 차를 벌리거나 최소한 그대로 유지해야 했다. 그런데 그날따라 삼미 슈퍼스타즈 타자들이 지난해처럼 '삼미 슬퍼스타즈' 선수로 돌아가 있었다.

  MBC 청룡의 왼쪽 투수 유종겸에게 6회까지 단 한 개의 안타도 빼앗지 못하는 노히트노런으로 밀리고 있었다. 유종겸은 최고 구속이 137~8km일 정도로 빠른 공을 던지는 투수가 아니라, 제구력과 변화구로 승부를 거는 투수인데 그날따라 체인지업이 기가 막히게 먹혀들고 있었다. 삼미 슈퍼스타즈는 7회 들어서야 양승관이 안타를 처음으로 뽑아냈고, 스코어도 0 : 1로 뒤진 채 8회를 맞이하였다. 원 아웃 이후 일본에서 장명부와 함께 건너온 재일동포 이영구 선수가 포볼을 골라 찬스를 만들어 나가더니 이선웅이 중전안타를 터트려 1사 1, 2루의 찬스를 맞이했다. 4번 타자이자 포수인 김진우가 또 포볼을 골라 나가서 1사 만루 찬스가 계속됐는데, 5번 타자 정구선이

인필드 플라이로 물러나 2사만루가 되었다. 그런데 6번 타자 최홍석이 왼쪽으로 적시타를 터트린 것이 화근이었다. 3루 주자 이영구가 홈을 밟아 1 : 1 동점이 되었고, 2루 주자 이선웅마저 홈을 파고들어 이제 2 : 1 역전이 되었다. 그 순간 김동앙 구심이 이선웅의 홈인을 무효로 하고 1 : 1 상황에서 쓰리 아웃을 선언했다. 그러자 삼미 슈퍼스타즈의 다혈질 김진영 감독이 쏜살같이 달려 나가 김동앙 구심을 다그치기 시작했다. 김진영 감독은 내야수 출신으로 체구는 작았지만, 성격이 불같아서 한번 화가 나면 물불을 가리지 않는 성격이었다. 김동앙 구심은 이선웅이 홈 플레이트를 밟기 전에 1루 주자 김진우가 좌익수 김정수의 3루 송구에 아웃되었기 때문에 이선웅의 득점은 무효라는 것이다. 실제로 김동앙 구심은 홈과 3루의 연장선상에서 자세히 봤기 때문에 자신의 주장을 굽히지 않았다. 그러나 김진영 감독의 눈에는 이선웅의 득점이 먼저이고, 김진우의 아웃은 그 다음으로 보였다.

김진영 감독과 김동앙 구심이 무려 5분 여 신경전을 벌이자 홈 플레이트 뒤, 그물 안에 있던 이기역 심판위원장이 김동앙 구심에게 빨리 경기를 속행할 것을 권유하자, 이를 본 김진영 감독이 화가 머리끝까지 올라 두발당성으로 이기역 심판을 강타했다. 그러나 김진영 감독의 두발당성은 스파이크 징이 야구장 본부석 뒤 그물에 걸리는 바람에 이기역 심판위원장에게 별다른 타격을 주지 못했고, 김진영 감독만 뒤로 발랑 넘어지는 볼썽사나운 모습을 연출했다. 비록, 미수에 그치기는 했지만 프로야구가 생긴지 1년여 만에 전 국민이 생방송으로 시청하는 경기에서 감독이 심판을 폭행하는 볼썽사나운 일이 발생한 것이다. 경기는 결국 삼미 슈퍼스타즈가 MBC 청룡의 이종도에게 끝내기 적시타를 얻어맞고 1:2로 패했다.

김진영 감독으로서는 경기에도 패하고, 스타일만 구기게 됐는데, 문제는 이튿날 부산 사직구장에서 롯데자이언츠와 삼미 슈퍼스타즈의 경기가 끝난 직후 현장에서 김진영 감독이 경찰에게 전격적으로 체포된 것이다.

당시 서울지법동부지원 김시수 부장판사가 박종열 검사의 요구로 발부한 영장에는, "많은 관중 앞에 욕설과 폭행을 하는 장면이 TV로 중계되어 청소년과 시청자들에게 악영향을 끼쳤다"는 것이다.

만약 그 경기가 TV로 생중계되지만 않았어도 감독이 현장에서 수갑을 차는 불상사는 없었을 것이다. 김진영 감독은 구속된 지 10일 만에 약식기소가 되어 벌금 100

만 원을 물고 석방되었다. 감독이 이례적으로 야구장 안에서 있었던 일로 구속이 된 것은, 김진영 감독이 이기역 심판에게 두발당성을 시도하는 장면을 청와대에서 TV로 보고 있던 전두환 대통령이 김 감독의 구속을 직접 지시했다는 설과, 전 대통령은 단지 "어~ 저래도 되나?"라고 한마디 한 것을 보고, 비서들이 과잉 충성을 한 것이라는 설이 있다.

다만 프로야구 개막식에서 시구를 던지는 등 소위 말하는 '3S', 스크린(영화), 스포츠, 섹스 정책으로 광주민주화 운동 등 5공화국의 치부를 감추려 했던 전두환 정권이 얼마나 프로야구 성공에 신경을 쓰고 있었는지 짐작할 수 있게 한 일화라고 할 수 있다.

김학균과 중국의 미녀선수 예자오잉

"**저**는 그때 두 사람 간의 편지를 전해 주는 향단이 역할만 했어요."

96년 애틀랜타 올림픽 금메달리스트로 여자 배드민턴 사상 최고의 단식선수 방수현이 한국의 배드민턴 선수 김학균과 중국의 예자오잉 선수의 열애설에 대해 한 말이다.

배드민턴은 88 서울 올림픽 때 시범종목으로 채택이 된 후 92년 바르셀로나 올림픽에 정식종목이 되었다. 당시 남자는 인도네시아의 알란부디 쿠스마와 아디 비라난타, 덴마크의 라우드리센, 여자는 인도네시아의 수지 수산티와 한국의 방수현 중국의 탕주홍과 황화, 예자오잉 등이 세계정상을 다투고 있었다.

복식조는 한국의 박주봉·김문수, 인도네시아의 하로토너·구나완, 말레이시아의 R시텍·J시텍, 여자는 한국의 황혜영·정소영, 길영아·심은정, 중국의 관웨이전·농춘화 등이 세계 랭킹 톱시드를 다투고 있었다.

김학균은 코리아오픈에서 한국선수로는 남자단식에서 처음 우승을 차지할 정도로 좋은 기량을 가지고 있었고, 중국의 예자오잉 선수는 큰 키에서 뿜어져 나오는 강력한 스매싱과 세밀한 네트 플레이로 차세대 유망주였다.

배드민턴 국가대표 코치인 김학균은 현역시절 실력도 뛰어났지만, 얼굴도 잘생기고, 성격도 좋아서 국제대회에 나가면 중국·인도네시아·말레이시아 등 여자 외국선수들의 인기를 독차지했다. 김학균은 이용대가 나오기 전까지 배드민턴계의 최고 미남으로 불렸다.

예자오잉은 미녀 선수가 많은 여자 배드민턴계에서 아직도 '여자 배드민턴 사상 최고의 미녀선수'로 인정을 받고 있다. 1m 80cm의 늘씬한 키에 우유빛깔 흰 피부에 크고 검은 눈동자 등 홍콩 영화배우 왕조현을 능가하는 전형적인 한족출신의 중국미인이었다.

김학균·예자오잉은 두 나라의 국가대표 선수로 활약하면서, 코리아 오픈·말레이시아 오픈·인도네시아 오픈·덴마크 오픈·영국 오픈 등 갖가지 대회에 출전하여 자연스럽게 만나면서 가까워졌다. 처음 두 사람은 편지로 의사표시를 했다. 주로 예자오잉이 중국어로 편지를 썼고, 김학균이 다른 사람에게 자문을 얻어 중국어로 답장을 했는데, 이를 김학균과 함께 국가대표로 활약하던 방수현이 편지를 전해주며 가교 역할을 했다. 김학균은 예자오잉과의 의사소통이 잘 안되자 아예 중국어를 배우기 시작했고, 예자오잉도 한국어에 관심을 갖기 시작했다. 두 사람은 국제대회 때마다 몰래 숙소를 빠져나와 이국땅의 낯선 거리를 함께 거닐며 데이트를 즐기곤 했다. 불과 한두 시간의 짧은 데이트 시간 동안 고작 손목을 잡고 있다가 헤어지곤 했지만, 손짓 발짓으로 의사소통을 했고, 어느새 눈빛만 봐도 서로의 마음을 알 수가 있게 되었다. 두 사람 모두 '염불보다 잿밥에 더 관심이 있다'는 말처럼 국제대회 참가보다 서로 만날 수 있다는 게 더 큰 목적이었다. 두 사람이 사귄다는 사실을 아는 사람은 처음에는 방수현뿐이었다. 그러나 나중에는 한국과 중국 두 나라 선수들 간의 공공연한 비밀이 되었다. 드디어 김학균과 예자오잉의 집에서는 두 사람의 결혼 얘기까지 오가기에 이르렀다. 이를 눈치 챈 필자가 김학균의 집을 급습했었다.

"김 선수 알고 왔으니까 다 얘기해 줘요."
"아니, 뭘 말입니까?"

김학균은 예자오잉과의 교제를 인정하지 않았다.
"정말 말 안 해 줄래요?"
"글쎄, 무슨 말씀을 하시는 건지."
"내~ 원 참, 다 알고 왔다는 데도… 방수현에게 들어서."
김학균은 방수현 얘기가 나오자 비로소 실토를 하기 시작했다. 그때 필자와 두 사람의 얘기를 듣고 있던 김학균의 어머니가 끼어들었다.
"저기 중국 애가 보낸 편지가 한 보따리나 있어요."
그제야 김학균은 예자오잉과 주고받았던 서로 간의 애닮은 사연이 담겨있는 편지를 보여주었다. 편지는 중국어로 되어 있어 뜻은 잘 모르겠지만, 어떤 편지는 하트 표시가 여러 개 있는 것으로 보아 두 사람간의 깊은 애정을 미루어 짐작할 수 있었다.
"어머니, 중국 며느리 어떠세요?"
필자가 슬쩍 떠 봤다.
"나야 두 사람만 좋다면 반대할 이유가 없지."
"그러면 예자오잉 선수 보셨어요?"
"텔레비전에 나오는 거 봤지, 예쁘더구먼."
사실 김학균과 예자오잉 선수의 결합은 충분히 가능한 얘기였다.

탁구의 안재형과 자오즈민이 먼저 길을 터놨기 때문이다. 안재형과 자오즈민은 1984년 10월 파키스탄에서 벌어진 제7회 아시아탁구선수권대회에서 처음 만났다.

그 당시 한국 남자대표팀은 북한에 패해 침울한 분위기에 싸여 귀국날짜만을 손꼽아 기다리고 있었는데, 안재형보다 2살 많은 자오즈민이 마치 친누나같이 위로를 해줬다. 처음 안재형은 공산권 여자선수가 접근을 해서 조금은 불안했지만, 그녀의 진실을 알고는 데이트를 즐기기 시작, 5년간 한국과 중국을 떠들썩거리며 열애를 하다가 1989년 12월 결혼했다. 당시 한국과 중국은 국교를 맺기 전이었는데도 두 사람의 국경을 넘은 사랑은 결실을 맺었다.

김학균과 예자오잉 선수가 사귈 때는 한국과 중국이 국교를 맺은 뒤였기 때문에 두 사람이 결혼을 하려고 마음만 먹는다면 충분히 가능했다. 그러나 이 커플은 결실을 맺지 못했다. 중국이 국가적인 차원에서 두 사람 간의 결혼을 방해했기 때문이었다.

중국은 자오즈민이 안재형과 결혼을 하여 중국이 손해를 봤다고 판단했다. 자오즈민이 중국 국가대표 탁구선수로 몇 년 더 활약을 할 수 있는데, 안재형과 결혼을 하여 일찍 은퇴를 했기 때문이다. 그리고 자오즈민이 탁구 지도자로서도 충분히 가능성이 있는 선수라고 봤다. 그런데 안재형과 결혼을 하여 모든 것이 수포로 돌아갔다. 자오즈민이 안재형과 결혼을 할 때는 전성기를 지나 내리막길에 접어든 시기였다. 그러나 예자오잉은 자오즈민의 경우와 달랐다. 중국 배드민턴이 당시 세계정상권에 올라 있는 한국, 인도네시아, 말레이시아, 덴마크의 배드민턴을 따라잡기 위해서 의욕을 갖고 오래전부터 키우고 있던 여자단식 전문 선수였기 때문이다. 만약 김학균과 예자오잉이 결혼을 하면, 야심차게 키웠던 작품(예자오잉)이 오히려 한국 대표선수로 출전할지도 모르는 것이었다. 중국 배드민턴으로서는 상상도 하기 싫은 일이 벌어지는 것이다.

중국이 '배드민턴 경기력' 때문에 두 사람의 결합을 방해했다는 간접적인 증거는 한창 전성기를 구가하다가 조기 은퇴한 탁구의 덩야핑의 경우를 보면 알 수 있다. 중국은 한국의 간판스타 현정화에게 한 번도 패하지 않고, 전승을 올리는 등 탁구 실력이 역대 최강인, 덩야핑을 단지 '키가 작고 못생겼다'는 이유로 국가대표에서 조기 은퇴시킨 의혹을 받고 있다. 중국의 탁구 실력이 막강하고 선수층이 두텁기 때문에 세계랭킹 1위 덩야핑에 이은 2인자들이 나서도 세계정상을 유지하는 데는 지장을 받지 않기 때문에 국가적인 이미지 관리 차원에서 은퇴시켰다는 것이다. 그만큼 중국은 국가를 위해 개인을 희생시키는 것을 자연스럽게 생각하는 문화라고 할 수 있다.

아무튼 김학균과 예자오잉 두 사람은 한국과 중국 또는 국제 배드민턴계에서 두 사람이 사귄다는 것이 공공연한 비밀이 된 이후 국제대회에서 만날 기회를 갖지 못했다. 중국 당국이 예자오잉의 국제대회 출전을 정략적으로 막았기 때문이었다. 설사 국제대회에 함께 출전을 한다고 해도 만날 수 없었다. 중국에서 항상 감시원을 붙여 김학균이 예자오잉 선수에게 접근을 할 수 없기 때문이었다. 두 사람은 편지로 애타는 사랑을 표현했지만, 역시 한계가 있었다. '눈에서 멀어지면 마음도 멀어진다'는 말이 있듯, 세월이 흘러 두 사람 사이의 편지도 자연스럽게 끊기면서 안타깝게도 이별을 하고 말았다.

사상 첫, 남북축구 대결

지금이야 남북축구 대결에서 설사 패하더라도 최선을 다했다면 별로 비난받지 않는 분위기다. 그러나 냉전시대가 극에 다다르던 1960~70년대는 모든 분야에서 남북 대결의 결과는 엄청난 관심을 모았다. 승패가 명백히 드러나는 스포츠계는 승리에 대한 기쁨과 패배에 따른 상처가 더욱 컸다.

1976년 4월 6일 태국의 수도 방콕에서 열린 제18회 아시아 청소년 축구선수권대회에서 남한과 북한은 분단 이후 처음으로 축구에서 맞붙었다. 당시 남한과 북한의 준결승전은 두 팀뿐만 아니라, 그 배경을 잘 알고 있는 아시아와 세계의 비상한 관심을 모았다.

앞서 열린 또 다른 준결승전에서 이란이 홈팀 태국을 3:2로 물리치고, 먼저 결승전에 진출해 남북 대결에서 이긴 팀이 이란과 대회 우승을 놓고 다투게 되었다. 그런데 남북한 준결승전 주심이 당초 미얀마의 니웨린 에서 갑자기 말레이시아의 모하메드 누르로 바뀐 것이다. 무슨 이유 때문인지 경기 전날까지 주심으로 내정됐던 니웨린을 북한이 거부해서 경기 당일 모하메드 누르로 바뀌었다. 그런데 모하메드 누르 심판은 북한과 이라크의 준준결승전에서도 주심을 맡아 북한을 크게 유리하게 판정해 문제가 있는 심판이었다. 결국 모하메드 누르가 북한의 준준결승, 준결승전 경기에 잇따라 주심으로 투입되는 도무지 이해할 수 없는 일이 벌어진 것이다. 그러자 한국팀의 단장이었던 김윤하 당시 대한축구협회장이 한국인인 홍덕영 심판위원장에게 강력하게 항의를 했다. 그러나 홍덕영 씨는 '모든 문제는 대회조직위원회에 일임했으므로 심판위원장으로서는 모르는 일'이라며 책임을 회피했다.

모든 대회에서 매 경기 심판 배정은 심판위원장이 하도록 되어 있는데, 홍덕영 씨는 자신의 권리를 대회 조직위원회에 넘겼던 것이었다. 당시 대회가 열린 방콕은 공산국가들에게 유리한 판정이 내려지는 분위기였다.

앞서 언급했던 것처럼 A조의 북한 대 이라크전도 북한에게 유리했지만, B조 중국 대 쿠웨이트전도 쿠웨이트의 완벽한 골을 노골로 선언하는 등 중국에게 유리하게 판정을 했다.

중국이 1974년 테헤란 아시안게임부터 죽의 장막을 허물고 국제무대에 나왔는데, 북한과 중국이 국제 스포츠 무대에서 발언권을 강화하기 위해서 우선 축구에서 좋은 성적을 올리는 게 급선무라고 판단했던 모양이다. 그래서 중국과 북한이 일부 심판을 매수했다는 제법 신빙성 있는 소문이 나돌았다. 또한 지금은 많이 나아졌지만 북한 선수들은 만 20세 미만의 선수들이 출전하는 청소년 대회에 객관적으로 봐도 25세 안팎의 선수를 출전시키기도 했다.

어쨌든 한국과 북한의 준결승전은 태국 팬들에게도 많은 관심을 모아 축구장은 3만여 관중이 만원사례를 이뤘다. 태국 경기가 아님에도 불구하고 이 대회 들어 최다 관중이었다. 북한은 경기가 시작되자마자 기선을 제압하려는 듯 8분여 동안에 무려 5차례의 슛을 날렸다. 그러나 한국팀의 함영준 골키퍼가 모두 막아내 득점을 올리지는 못했다. 한국팀은 전반 8분경부터 전열을 가다듬고 반격을 시작해 전반전은 스코어 0:0, 그리고 볼 점유율 5:5로 팽팽한 전력을 보였다. 후반전 초반에도 전반전처럼 북한이 거세게 몰아붙이고, 한국은 수세를 보이다가도 역습을 했다. 그런데 후반 15분경 함영준 골키퍼가 북한의 크로스를 쳐내려고 공중으로 솟구치는 순간, 북한의 황상해 선수가 함영준의 배를 머리로 받아서 쓰러트렸다. 그러나 주심 모하메드 누르씨는 함영준이 쓰러진 것을 못 봤는지, 아니면 못 본척하는 것인지 그대로 경기를 속행시켰다. 그 순간 미드필드에서부터 돌진해 들어오던 황상해가 골키퍼 없는 한국팀의 골문 안에 쉽게 볼을 차 넣어 골인을 시켰다. 황상해가 함영준 골키퍼를 쓰러트리고 다시 미드필더로 나가 공을 몰고 들어올 때까지 대략 2분 이상 함영준이 쓰러져 있었는데, 모하메드 누르 주심은 못 본채 경기를 속행시킨 것이다. 함영준이 쓰러지자 한국팀 주장 장기문 선수가 주심에게 알렸지만 주심은 막무가내였다. 한국선수들은 일제히 주심에게 달려들어 노골이라고 항의했지만 주심은 경기 속행을 지시할 뿐이었다. 결국 함영준 골키퍼는 들것에 실려 나와야 했고, 강창근 골키퍼가 대신 투입되었다.

이후 한국팀은 억울하게 먹은 한골을 만회하기 위해 파상공격을 폈지만 수비 위주의 플레이와 교묘한 지연작전을 편 북한의 골문을 열지 못하고 0 : 1로 경기가 끝났다. 경기가 끝나자 한국팀의 유현철 감독은 "우리 팀은 억울하게 패했다. 전력이 뒤져서 졌다면 할 말이 없지만, 심판의 애매한 경기 운영으로 고배를 마셔 어린 선수들 마음에 상처를 준 것 같아 가슴이 아프다."고 억울함을 호소했다.

당시 한국팀의 국제심판으로 파견된 박종환 씨도 현지에서 "선수가 경기 도중 쓰러졌으면 주심은 당연히 경기를 중단시켜야 하고, 설사 골키퍼가 쓰러진 것을 나중에 알았다고 하더라도 골은 취소시켜야만 했다."고 주장했다. 그런데 홍덕영 심판위원장은 경기가 끝난 후에도 모하메드 누르 주심에게 아무런 제재를 하지 않았다. 그런데 왜 이런 어처구니없는 일이 벌어졌을까?

첫째는 당시 각 나라의 심판들이 위험 부담이 있는 남북한 전 심판을 서로 보지 않으려 했었다. 마치 우리나라의 라이벌전 연·고전 또는 고·연전 경기 심판을 서로 보지 않으려는 것과 비슷한 경우라고 할 수 있다.

당시 남북한 준결승전 심판은 원래 인도의 에릭 바스가 배정이 되었는데, 에릭 바스가 보지 못하겠다고 해서 급하게 미얀마(당시 버마)의 니 웨린으로 바꿨다. 니 웨린이 사회주의 국가심판 이어서 홍덕영 씨가 반대를 해 서 할 수 없이 모하메드 누르 심판을 배정한 것이다.

당시 4강에 올라간(한국 북한 이란 태국) 심판 외의 나라 심판을 배정할 수밖에 없었는데, 예선에서 탈락한 다른 나라 심판은 거의 모두 귀국을 한 상태였기 때문이다.

두 번째 함영준 선수가 쓰러져 있던 상황을 주심이 보지 못한 것은 쓰러진 위치 때문이었다. 함영준은 크로스를 펀칭하기 위해서 거의 페널티에어리어 부근까지 나왔다가 쓰러졌는데, 모하메드 누르 주심은 선수가 쓰러진 것을 보긴 봤는데, 골키퍼가 아닌 필드 플레이어가 쓰러진 것으로 알았고, 한국팀이 공격을 하고 있어서 그대로 인플레이를 했는데, 한국이 볼을 빼앗겨 역습을 당해 골을 허용한 것이라고 해명했다. 그러나 모하메드 누르는 한국팀의 골키퍼가 쓰러져 있을 때 북한이 결승골을 넣은 것을 안 순간 북한의 골을 취소했어야 했는데, 그렇지 않아 운영의 묘를 살리지 못한 것이다. 모하메드 누르 심판은 이후 말레이시아로 돌아가서 말레이시아 축구협회로부터 3개월 정직 처분을 당한 후 아시아축구 심판계에서 영원히 사라졌다.

문제는 홍덕영 심판위원장이었다. 홍덕영 씨는 한국에 돌아와 모 기관에서 2박 3일 동안 남북한 전 주심, 애매한 주심 배정 등에 대해서 조사를 받았다. 홍씨는 심지어 간첩으로 몰리기도 했다.

  홍덕영 씨의 큰형 홍덕수(월북) 씨가 8·15해방 직전까지 조선축구협회 이사로 있었고, 해방 직후에도 대한축구협회 초대 이사로 있었는데, 그 형으로부터 사주를 받아서 북한 축구를 이롭게 한 것이 아니냐는 추궁을 받았다. 그러나 홍덕영 씨는 무혐의로 풀려났다.

수영선수가 풀장에 빠져 죽을 뻔

2000년 시드니 올림픽 남자수영 자유형 100m 예선에서 적도에 있는 나라 기니 출신의 무삼바니는 정상적인 수영복이 아닌 헐렁한 트렁크 차림으로 스타트 라인에 서서 관심을 모았다. 그러나 무삼바니의 수영 실력은 헐렁한 트렁크보다도 못했다. 수영종목에서 가장 빠르다는 자유형이 아닌 평영보다 더 느린 '개헤엄'을 친 것이다. 무삼바니는 예선 전체 1위를 차지한 네덜란드의 피터 호헨 반트 선수의 48초 68보다 무려 1분 04초 08이나 뒤진 1분 52초 72의 기록으로 예선 탈락했다. 무삼바니가 100m를 헤엄치는 동안 피터 호헨반트는 200m를 헤엄치고도 남는 기록이었다. 그러나 한국수영 영웅 박태환은 무삼바니보다 더 황당한 경험을 했다.

박태환은 대청중학교 3학년 때 첫 태극마크를 달고 아테네 올림픽에 출전했다. 당시 한국수영계는 "국내기록도 갖고 있지 않은 어린 선수를 올림픽 대표로 출전시키는 것은 특혜다." "아니다. 이번에는 힘들지 모르지만, 워낙 가능성이 있는 유망주니까 경험 삼아 출전시켜야 한다."는 논쟁이 벌어졌다. 그러나 박태환은 자신에게 온 기회를 살리지 못했고, 그 대신 천금(千金)을 주고도 살 수 없는 소중한 경험을 했다. 박태환은 나중에 "아테네 올림픽은 어린 나에게 기회가 너무 빨리 찾아왔던 것 같다."고 말했다. 어린 나이에 세계적인 선수들과 어깨를 나란히 하며 경기를 치른다는 것이 중학교 3학년생 박태환에게는 엄청난 부담이 되었던 것이다.

  2004년 아테네 올림픽 수영 경기가 벌어진 아테네 아쿠아틱센터는 야외 풀장이었다. 당시 8레인에서 예선 첫 경기를 치렀던 박태환은 스타트라인에 섰는데 눈앞에 아무것도 안 보였다. 너무 긴장한 나머지 먼저 뛰어버렸는데 물속에 들어가니까 깨어나더라는 것이다. 박태환은 좋은 기회를 살리지 못했지만 평생의 라이벌 중국 장린을 만났다. 박태환은 '내가 실수를 한 조에서 장린 선수가 4번 레인에 있었는데, 탈의실에 들어와서 나와 눈이 마주치고는 픽 웃더라는 것이다. 당시 장린이 자기 스텝들과 무슨 이야기를 했는지 모르지만 꼭 나를 흉보는 것 같았다.'고 한다. 박태환은 이후 "내가 다른 선수들은 못

이겨도 장린만은 꼭 이긴다."며 의지를 다졌다.

장린은 이후 올림픽 아시안게임 세계선수권 등에서 박태환에게 번번이 패했고, 런던 올림픽에는 후배 쑨 양 선수에게 밀려서 아예 출전권조차 얻지 못했다. 그러니까 아테네 올림픽은 어린 박태환에게 기회를 줬다가 빼앗았지만, 그 대신 자신을 조롱했던 장린이라는 라이벌을 만나게 되는 돈을 주고도 살 수 없는 경험을 한 것이다. 그러나 올림픽 수영에서 박태환보다 더 큰 낭패를 본 수영선수가 있었다.

1960년대 한국수영의 간판선수였던 남상남 선수다. 이름에 '남'자가 두 번 들어가지만 여자 선수였던 남상남은 당시 한국 수영계에서는 독보적인 존재였다. 남상남은 아시안게임 영웅들인 조오련과 최윤희가 나오기 전 선수였는데, 풀에 들어갔다 하면 한국 신기록을 밥 먹듯이 세웠다. 지금으로 말하면 박태환급의 선수였다. 그래서 국민들은 남상남 선수가 올림픽 메달까지는 몰라도 자신의 기록을 경신하면서 선전을 해줄 것으로 믿었다. 남상남이 처음으로 출전한 1968년 멕시코 올림픽은 올림픽 사상 가장 높은 곳에서 열린 대회였다.

해발 2천 미터가 넘는 멕시코 고원에서 올림픽이 열려

육상 단거리에서는 공기의 저항을 덜 받아 좋은 기록이 많이 나왔지만, 장거리 선수들에게는 지옥 같은 올림픽이었다. 더구나 육상의 기록을 획기적으로 단축시킨 타탄트랙도 그 대회에서 처음 나왔다. 결국 미국의 지미 하인즈 선수가 남자육상 100m에서 당시로는 인간능력의 한계라는 10초벽을 처음으로 깨트리고 9초 99를 기록하면서 금메달을 획득했다. 그러나 마라톤은 1960년 로마, 1964년 도쿄대회 금메달 기록(2시간 12~15분)에서 크게 후퇴한 2시간 20분대의 기록으로 에티오피아의 마모 월데 선수가 금메달을 차지했다. 또한 멀리뛰기에서 미국의 봅 비몬 선수가 세운 8m 90 cm라는 엄청난 기록은 44년이 지난 지금까지도 깨지지 않고 있다. 멕시코시티의 공기 압력이 평지보다 약 27%, 공기밀도가 23% 정도 적기 때문에 나온 대기록이었다. 육상보다는 덜 했지만 수영도 멕시코 고원의 영향을 받았다.

멕시코 올림픽에 남상남은 수영 선수로는 다이빙 선수 박정자, 송재웅 선수와 함께 출전했는데, 경영 선수로는 유일한 선수였다. 남상남은 올림픽이라는 엄청난 무대에 잔뜩 주눅이 들어 생전 처음 보는 실내수영장에 기가 죽었다. 당시 한국은 지금은 없어진 서울(동대문)운동장 야외수영장이 유일한 50m 정식 풀장이었다. 더구나 스타트 라인에 자신과 함께 선 미국, 네덜란드, 동독, 서독 등 유럽 선수들의 체격이 마치 남자선수들처럼 컸다. 여자접영 200m 예선에서 8명의 선수와 함께 스타트라인에 선 남상남은 멀리서 봐도 극도로 긴장한 나머지 초조한 기색이 역력했다. 얼굴이 백지장처럼 하얗고 창백했다. 출발 신호와 함께 8명의 여자들이 일제히 풀 속으로 뛰어들었다. 그런데 남상남은 레이스가 진행됨에 따라 페이스가 눈에 띄게 처지더니 50m를 턴 하자마자 풀 속으로 깊숙이 빠졌다가 다시 솟아 나와서는 붕 떠오른 채 수영 동작을 멈추는 게 아닌가? 초조한 마음으로 레이스를 지켜보던 한국선수단 주치 의사 성낙응 박사가 한국 선수단에게 다급하게 외쳤다.

"이 과장(대한체육회 과장으로 추정) 상남이 끌어내 빨리."

그러나 이 과장은 선수들이 한창 레이스를 펼치고 있는 풀장에 뛰어 들 수가 없었다. 그러자 성 박사가 또 외쳤다.

"아이고 상남이 물에 빠져 죽는다고… 어서 빨리 끌어내란 말이야."

한국의 독보적인 올림픽 수영 대표선수가 겨우 50m를

헤엄친 후 물에 빠져 죽게 된 것이다.

수영인들은 일반인들이 수영 좀 한다는 소리를 하려면 400m 정도는 부담 없이 헤엄쳐야 한다고 말한다. 그런데 올림픽 수영 선수가 50m밖에 못 가서 허우적대다니…….

경기 진행요원들은 올림픽이고 뭐고 사람부터 살려야 한다며 풀 속에 뛰어들어 빠져 죽어가는 남상남을 구출했다. 축 늘어진 남상남은 숨이 멎어 있었다. 성 박사는 재빨리 휴대용 산소 호흡기를 꺼내 남상남의 코에 대고 인공호흡을 시작했다. 이를 지켜보던 수영장의 관중들과 TV를 지켜보던 전 세계 시청자들은 뜻밖의 상황에 경악을 금치 못했다. 얼마간 급박한 상황이 지난 후 남상남은 긴 숨을 토해 내며 소생했다. 그런데 왜 올림픽 수영 선수가 풀장에서 익사할 뻔했을까?

첫 올림픽 무대의 부담감, 처음 경험하는 엄청난 규모의 실내 풀장, 그리고 자신보다 훨씬 큰 선수들을 이겨내고 좋은 성적을 올려야 한다는 강박감 등이 복합적으로 작용하지 않았을까?

여자농구선수 성추행 사건

2007년 7월 6일 문화연대, 한국성추행 상담소 한국여성민우회는 재판부의 판결을 규탄하는 성명서를 냈다.

규탄서의 제목은 '전 우리은행 여자농구 팀 감독 박명수 성추행 사건에 대한 재판부 판결을 규탄한다.'고 되어 있었다. 당시 박명수 감독은 자신이 지도하고 있는 여자 선수를 상습적으로 성추행했음에도 불구하고 징역형을 받지 않고 집행유예 판결을 받았다. 재판부는 박 감독이 전과가 없고, 사건 당일 평소보다 많은 술을 마셔 만취했고, 10여 년간 국가대표 여자농구팀을 이끌며 농구발전과 국위선양에 힘쓴 점과 평생 농구발전을 위해 힘쓴 점 등 비록 피해자와 합의를 하지는 않았지만 공탁금으로 5,000만 원을 걸었고, 혐의 사실에 대해 깊이 반성하고 있기 때문에 사회봉사 명령을 조건으로 징역 10개월에 집행유예 2년, 그리고 사회봉사 200시간을 선언했다. 구형이 징역 1년 6개월이었던 것에 비해 깊이 경감된 것이었다. 또한 한국여자농구연맹(WKBL) 김원길 총재는 박명수 감독을 영구제명해서 다시는 여자농구계에 발을 들여놓지 못하게 했다.

이에 대해 한국여성 민우회 등은 판결문에 나와 있는 것처럼 박명수는 10여 년간 국가대표팀을 이끈 농구계에서는 영향력을 발휘하는 인사로, 팀 내에서 선수 선발권·연봉 책정권 등의 막강한 권한을 갖고 있다. 또한 이번 일을 사건화하는 과정에서 박명수가 상습적으로 선수들을 성추행해 왔고, 선수들이 이에 대해 항의를 한 전례도 있다. 이는 사건이 우발적으로 일어난 게 아니란 증거다. 설사 술을 많이 먹었다고 하더라도 술 취해서 했다고 죄를 경감한다는 것은 말도 안 된다는 내용 등을 규탄했다.

피해자인 A 선수는 서울의 한 종합병원에서 신경정신과에 입원을 하고 있어 선고공판에 참석하진 않았지만 그녀의 가족들은 "결과가 실망스럽다. 현재 A 선수는 농구를 계속하지 못할 정도로 엄청난 충격에 빠져 있다."고 말했다.

"우리은행 농구단은 내부규정 및 윤리강령에 성희롱, 성차별을 엄격하게 금지하고 있으며 연 1회 이상 외부강사를 초빙한 집합교육과 비디오 등 매체를 통한 자체교육을 빠짐없이 실시해 사고예방에 각고의 노력을 기울여 왔다."며 "이번 사건을 교훈 삼아 향후 성희롱 예방 교육을 더욱 더 철저히 실시하고 다시는 이와 같은 유사한 사건이 발생되지 않도록 노력하겠다."고 다짐했다.

당시 우리은행 김희태 단장은 재발 방지를 위한 네 가지 방안을 내세웠다. 선수단 운영에 있어 지나치게 권한이 편중되어 있는 코칭스태프의 권한을 대폭 축소시키고, 정기적으로 비밀이 보장된 익명의 설문조사를 통해 선수단의 애로사항과 요구사항을 정확히 파악하기로 결정했다. 또한 합숙과 단체생활이 대부분인 선수단의 특수성을 감안해 유명강사를 직접 체육관으로 초청해 성희롱 예방교육을 실시하고, 이번 성추행 사건으로 피해를 입은 선수가 정신적 피해로부터 하루빨리 벗어나 운동에만 전념할 수 있도록 배려하겠다고 밝혔다.

그러면 한국 스포츠계를 떠들썩하게 했던 '박명수 사건'의 전말은 어떻고, 또 왜 그런 일이 일어났는지 알아보자.

박명수 성추행 사건이 세상에 알려지기까지는 A모 양의 선수생명을 건 용기가 발단이 되었다. 그동안 스포츠계에서는 박명수 감독 외에도 크고 작은 성추행 사건이 많이 있었지만, 세상에 알려질 경우 사실상 선수생활을 할 수 없는 한국 스포츠계의 희한한 구조 때문에 용기를 내기 어려웠다. 그러나 A 양은 1987년 5월 23일 박명수 감독이 미국 전지훈련 도중 자신을 성추행했다고 고소를 했다. 박 감독은 고소를 당하기 한 달 전 석연치 않은 이유로 우리은행 감독직에서 물러난 상태였다.

A양이 박 감독의 호텔 방을 청소(일부 팀에서는 감독 방을 여자 선수들이 돌아가면서 청소를 하는 것은 일종의 관례다)하고 나오는데, 박 감독이 자신을 다시 불러 성추행을 했다는 것이다. A양은 동료 선수에게 20분 후에 호텔방문을 두들겨 달라고 해서 성폭행까지는 면했지만 수치스런 일을 당한 것이다. 그러면 박 감독은 어떻게 선수를 성추행하게 됐고, 다른 선수와 달리 A양은 어떻게 고소할 수 있었을까?

박 감독은 농구 코칭 실력만큼은 한국여자농구계에서 정상권이었다. 우리은행을 여러 번 정상에 올려놓았고, 국가대표 감독을 맡아서도 좋은 성적을 냈다. 이런 농구 실력을 바탕으로 우리은행에서 정식부장까지 오를 수 있었다. 그러니까 박 감독은 1~2년 또는 수년이면 팀을 떠나야 하는 다른 팀의 떠돌이 감독과는 달리 우리은행의 정규 간부직원이었기 때문에 다른 팀 감독과는 위상이 달랐다. 그러니 선수들에게 군림할 수 있었고, 더구나 A 선수같이 신인 선수들에게는 감히 똑바로 쳐다볼 수도 없는 존재였다. 어떻게 보면 박 감독은 A 선수의 생사여탈권을 쥐고 있는 신적인 존재였다. 그러니 비상식적인 명령이라도 따를 수밖에 없었고, 여성으로서의 수치심은 그다음 문제였을 것이다. 만약 박 감독의 성추행을 A 선수만 알고 있었다면, 다른 선수들과 마찬가지로 그대로 넘어갔을 가능성이 매우 높았다. 그러나 A 선수 성추행 사건을 미국 로스엔젤레스로 함께 전지훈련을 간 다른 동료선수들이 모두 알게 되었고, 우리은행의 고참 선수가 한국에 있는 자신의 부모에게 이 사실을 알렸다. 자기 딸의 말을 들은 그 부모는 다른 농구선수 부모를 모아 대책을 논의하기에 이르렀다. 부모들은 우리은행 고위층에 이 사실을 알렸고, 이를 통고받은 박 감독은 곧바로 사표를 냈다. 애초 A 선수는 자신의 농구선수 생활과 미래를 위해 박 감독과 좋게 합의하려 했으나, 합의 과정에서 박 감독에게 인간적으로 실망해서 법에 호소를 하기에 이른 것이다. 박 감독은 A 선수와의 합의 과정에서 자신의 친필로 사과문을 쓴 게 발목 잡혀 성추행 사실을 시인하지 않을 수 없게 되었다. 박명수 사건이 일어난 후 우리은행이 사과하고, 한국여자농구연맹(WKBL)이 여자선수들의 고충을 들어줄 상담전화를 개설했지만, 근본적인 해결책이 되지는 못하고 있다.

  지금같이 여자 농구계에서 감독이 무소불위(無所不爲)의 막강한 영향력을 가지고 있는 한 얼마든지 재현될 가능성이 있는 것이다. 여자 스포츠 종목 가운데 가장 인기종목인 여자프로농구에서 그 정도니 인기가 없는 다른 종목들의 후보나 신인선수들은 성추행으로부터 무방비 상태에 놓여 있다고 봐도 좋을 것이다. 박 감독은 결국 농구계를 영원히 떠났고, A 선수는 성추행 사건을 모두 이겨내고 팀을 이적해 국가대표로까지 성장했다.

  여자농구계의 '박명수 성추행 사건'에 대해 현역 여자농구팀 감독으로 있는 정인교 신세계 팀 감독이 명언을 남겼다.

  "마치 조폐공사 직원들이 돈을 돈으로 보면 안 되듯이, 여자팀 감독은 소속팀 여자 선수들을 여자로 보면 절대로 안 된다"고 말하기도 했다.

축구 국가대표 박병철 사망소동의 진상

1985년 12월 21일 한 조간신문은 "지난 19일 전 국가대표 링커 박병철 씨가 교통사고로 사망했다."는 소식을 사회면 1단 기사로 실었다.

기사내용은 박 씨가 경기도 광주에서 성남으로 승용차를 몰고 가던 중 전봇대를 들이받고 그 자리에서 절명했으며, 시간은 새벽 4시경으로 추정하고 있었다. 박 씨가 전봇대를 들이받는 엄청난 교통사고를 낸 것은 맞다. 그러나 박병철은 부활(?)했다. 어떻게 된 일일까?

부활에 얽힌 기막힌 사연을 소개하기 전에 박 씨가 현역 시절 어떤 선수였던가를 알아보자. 박 씨는 경상남도 울주군 서생면 서생리에서 박영태 씨의 5형제 가운데 장남으로 태어났다. 서생면에 있는 성동초등학교 5학년 때부터 축구를 시작했는데, 다른 선수들과는 달리 운동에만 전념한 게 아니라 공부와 운동을 겸했다. 서생면에 있는 남창중학교를 시험을 치러 전체 13등으로 입학을 했다. 중학교 때부터 운동을 포기하고 공부에만 전념하려 했지만, 성동초등학교 시절부터 경상남도 일원에서 축구를 잘하기로 소문이 자자했던 터라 학교 축구부에서 그대로 놔둘 리가 없었다. 남창중학교 이종수 코치는 박병철에게 오전에는 공부하고 오후에만 축구를 시킨다는 조건으로 허락을 받아냈다. 그러나 초등학교 때와는 달리 중학교에서 운동과 공부를 겸한다는 게 불가능했다. 날이 갈수록 성적이 떨어지자 집에서도 박병철이 다시 축구를 한다는 것을 눈치 챘다. 박병철은 부모와 타협을 해서 학교 앞에서 하숙하면서 공부와 운동 둘 다 잘하려 했지만, 한번 떨어진 성적은 좀처럼 올라가지 않았다. 박병철은 부산상고에 일반 학생으로 응시했다가 낙방하고, 남창중학교에서 부정선수로 1년을 더 뛴 후 이듬해 부산상고에 축구 특기자로 입학했다. 부산상고에 진학한 후 키가 13cm나 자라 당시로는 큰 키인 1m 78cm가 되었다. 워낙 영리한 데다 축구에만 전념을 하다 보니까 기량도 일취월장했다. 한양대학에 진학한 이후 2학년 때부터 청소년대표를 거쳐, 1972년 국가대표로 발탁되었다. 1973년에는 '올해의 축구선수'로 선정되었는데, 선정된 이유가 불과 20세의 나이로 선배 이차만을 제치고 국가대표 주전으로 발탁되었다는 것이다. 당시 한국 축구는 1진 청룡, 2진 백호로 나누어져 있었는데, 국가대표인 1진 청룡 멤버를 보면 공격 차범근, 미드필더 박병철, 수비 김정남, 김호, 골키퍼 이세연 등 쟁쟁한 선수들이 주축을 이루고 있었다. 박병철은 빠른 발과 정확한 킥 그리고 자로 잰 듯한 패스로 아시아 최고의 링커로 불렸다. 아마 당시에 컴퓨터가 있었다면 국가대표 조광래 감독 이전에 '컴퓨터 링커 1호'로 불렸을 것이다.

그러면 박병철이 어떻게 해서 부활하게 되었을까?

축구계를 떠난 박병철은 사업을 시작했다. 1985년 12월 18일, 경기도 광주에서 사업관계로 지인들과 저녁부터 술을 마시기 시작, 이튿날인 19일 새벽까지 마시다가 새벽 3시 40분경 소위 말하는 필름이 끊어진 상태에서 자신의 로열프린스 승용차를 몰고 광주에서 성남 방향으로 약 20분간 달리다가 전봇대를 들이받은 것이다. 추정을 하면, 만취 상태에서 음주 운전한 박 씨가 시속 80~90km로 달리던 중 갑자기 눈앞에 물체가 나타나자 급하게 핸들을 돌렸고, 차는 길옆에 있는 전봇대를 그대로 들이받으며 폐차 처분할 정도로 대파당하고 박 씨는 밖으로 튕겨 나와 길바닥으로 떨어졌다. 사고가 났던 1985년

12월 19일 새벽 4시경 성남 일원은 영하 15도의 맹추위를 나타내고 있었다. 일단 바닥으로 떨어진 박 씨는 만취한 데다 차가 전봇대에 부딪히면서 머리를 크게 다쳤고, 또 꽁꽁 얼어있는 길바닥으로 떨어지면서 온몸에 충격을 받아 완전히 의식을 잃고 말았다. 마침 사고 지점 옆에서 공사장 인부들이 텐트를 치고 잠을 자고 있었는데, 누군가 잠결에 '쿵' 하는 소리를 듣고는 무슨 일인가 밖으로 나와 보니 자동차가 전봇대에 부딪혀 박살이 나 있었고, 길바닥에는 누군가 거의 죽어 있더라는 것이다. 인부들은 길바닥에 쓰러진 박 씨를 담요에 둘둘 말아 인근에 있는 병원으로 후송시켰으나, 병원에서는 살아날 가망이 없다며 받지 않았다고 한다.

  결국, 성남에서 가장 크다는 양친회 병원으로 후송되어 간신히 응급실에 입원했지만, 당직 의사는 박 씨의 자동차가 전봇대와 정면으로 충돌할 때 머리를 부딪치면서 너무 큰 충격을 받은 데다, 피도 많이 흘려서 앞으로 3시간 정도밖에 살 수 없다는 진단을 내렸다. 병원에서는 박 씨가 사망할 경우 시체를 처리하기 위해 주머니에서 주민등록증을 꺼내 주소를 확인했는데, 주민등록의 주소는 고향인 경남 진하로 되어 있어 3시간 후 사망할 것에 대비해 "박병철 사망 급상경 요"라는 내용으로 전보를 쳤다. 박 씨의 고향에 사는 박 씨의 아버지 박영태 씨를 비롯한 형제들이 양친회 병원으로 한걸음에 달려왔고, 그 와중에 각 병원을 돌면서 취재를 하던 신문기자가 전 국가대표 축구선수 박병철 씨가 교통사고로 사망했다고 오보를 낸 것이다. 3시간밖에 살 수 없다던 박 씨는 얼굴 전체가 엉망으로 헤졌고, 머리뼈도 여러 조각으로 깨졌지만, 천만다행으로 뇌는 약간의 충격을 받았을 뿐 별다른 손상을 입지 않았다. 더욱 다행스러운 것은 목 이하는 전혀 다치지 않았다. 박 씨는 곧바로 여러 조각으로 깨어진 두개골 접합수술을 받았고, 얼굴도 형체를 알아볼 수 있게끔 꿰맸다. 그러나 자동차가 전봇대를 부딪치면서 발생한 엄청난 충격 때문에 사고가 난 시점부터 무려 2개월 동안이나 식물인간으로 침대에 누워 있어야 했다. 2개월 동안은 그야말로 생사를 넘나들어야 했다. 박 씨는 2개월여 동안의 식물인간에서 깨어나 의식을 회복한 이후에도 몇 차례 더 성형수술을 받아야 했다. 하지만 워낙 심하게 다쳤기 때문에 원래의 모습을 되찾지 못했다. 박 씨는 퇴원한 후 사람들을 피해 고향인 경남 진하로 내려갔다. 진하에서 몸을 치료하면서 성형 수술을 받을 때만 서울로 올라왔다. 교통사고 후유증에서 어느 정도 회복을 한 이후에 얼굴이 흉하게 바뀐 모습을 사람들에게 보이기 싫어 축구계에 전혀 발길을 돌리지 않았다. 그래서 그의 동정은 차범근, 김정남, 이차만, 김 호, 김호건 등에 비해 언론에 잘 알려지지 않고 있다. 이후 축구계에서 박병철을 봤다는 사람은 별로 없다. 성형수술을 여러 번 받았지만 본래의 얼굴을 되찾을 수가 없었고, 본인도 축구계에서 일하기보다는 개인 사업을 하는 것을 원했기 때문이다.

박종환 축구감독 왜 물러나야 했는가?

올림픽이나 월드컵 같은 메이저 국제대회가 자국에서 열린다면 누구나 자국 팀의 감독을 맡는 영광을 누리고 싶을 것이다.

우리나라에서 열린 유일한 올림픽인 88 서울 올림픽 축구대표팀 감독 자리는 당시로는 초미의 관심사였다. 그런데 서울 올림픽 개막을 불과 80여 일 앞둔 1988년 6월 26일 오후, 제17회 대통령배 국제축구대회를 TV로 지켜보던 시청자들은 1988 서울 올림픽 축구감독 박종환의 느닷없는 출연에 깜짝 놀랐다. 박종환은 1983년 멕시코에서 벌어진 20세 이하 피파월드컵 축구대회에서 사상 처음 4강에 올라 스타감독이 되었고, 또한 서울시청을 국내 최강으로 끌어올려 지도력을 인정받아 1988 서울 올림픽 축구감독의 영광을 누리고 있었다.

한국팀은 1988 서울 올림픽을 앞두고 축구대표팀 전력을 테스트해보기 위해 대통령배 대회에 출전했지만 내심 우승까지 바라보고 있었다. 그러나 체코와 가진 준결승전에서 전, 후반과 연장전 등 120분 동안의 혈투 끝에 0:0 무승부로 끝나 승부차기에서 구상범 선수가 크로스바를 맞추는 바람에 3:4로 패해 3, 4위전으로 밀려나 있었다. 한국과 3, 4위전에서 만난 나이지리아의 전력은 한수 아래였고, 또 이겨야 3위이고 패해도 4위라 시청자들은 느긋한 마음으로 TV를 시청하고 있었다. 그런데 결승전도 아닌 3, 4위전 경기에 앞서 박종환 감독이 갑자기 TV 화면에 나타난 것이다. 박 감독은 "이미 일부 지상에 보도된 바와 같이 일부 매스컴과 몇몇 축구인들이 나를 궁지에 몰아넣고 있다. 이런 풍토에선 내가 더는 올림픽축구대표팀 감독직을 수행하기가 어렵다."며 사실상 올림픽 축구대표 감독 사퇴를 했다. 박 감독의 이 같은 발언은 시청자들의 눈과 귀를 의심스럽게 했다. 그 여파는 축구계뿐만 아니라 전 체육계를 마치 벌집을 쑤셔 놓은 듯했다.

당시 여론은 크게 두 가지로 나뉘어 있었다. 대한축구협회 김규환 부회장은 "축구 국가대표팀 감독이면 공인인데, 공인이 국제대회를 하는 도중에 그런 말을 할 수 있느냐, 하지만 일단 (박 감독이 국가대표 사퇴가) 표면화된 이상 상비군 위원회에서 논의를 해야겠지만, 박 감독의 사의를 반복하기가 어려울 것이다."라며 원론적인 말을 했다. 대한축구협회 이사로 있던 고 함흥철 씨는 "경솔한 처사다. 조직 속에 있는 한 사람으로서 계통을 무시하고 일방적으로 외부에 사퇴의사를 표명한 것은 상식에 벗어나는 일이라고 생각한다. 어려움이 있었다면 협회에 협조를 구했어야지 갑자기 사퇴 선언을 한 것은 납득이 가지 않는다."고 질타를 했다. 그러나 박 감독의 카리스마를 잘 알고 있는 대부분의 축구팬들은 올림픽을 코앞에 두고 감독이 사퇴한다는 것은 말도 안 된다. 박 감독이 비록 고집이 세지만 그만한 의욕을 가진 축구 지도자가 드물다며 박 감독의 사퇴에 반대하고 나섰다. 박 감독은 자신의 느닷없는 사퇴표명, 즉 폭탄선언 이후 반응이 뜻밖에 커지자 정식으로 기자 인터뷰를 요청했다.

"우선 이(대통령배 대회) 대회에서 국민들이 기대한 만큼 좋은 성적을 올리지 못했다. 그리고 그보다 먼저 국가대표팀 실정을 잘 모르고 감 놔라 배 놔라 하고 떠들어 대는 축구인들의 비난을 감당하기 어렵다. 축구인들이 한 덩어리가 돼도 올림픽에서 좋은 성적을 올리기가 어려운데 근거도 없이 비난만 하면 견디기 어렵다. 나는 모든 의욕을 잃었다. 지난 23년간 축구를 해 온 것이 오로지 올림픽 대표 감독을 잘하기 위해서였는데, 이제는 올림픽 축구대표팀을 맡을 자신이 없다. 올림픽 축구대표팀 감독직을 떠나도 나에게는 돌아갈 친정(서울 시청)이 있다."며 사실상 고별사를 했다. 그런데 박 감독의 올림픽 국가대표 사퇴를 놓고 매스컴의 논평이 크게 엇갈렸다.

A 신문은 올림픽 축구대표팀이 체코와 무승부를 이룬 끝에 승부차기에서 패한 경기를 놓고, 경기를 제대로 지켜보지 않은 다른 팀 감독을 동원해서 박 감독을 비난했다. 소련의 살코프 감독은 "한국팀은 팀워크가 엉성하다. 한국팀의 첫날 이탈리아전과 체코와의 준결승전 2경기를 지켜봤는데, 현재 한국팀의 전력으로는 홈그라운드라는 점을 감안 하여도 올림픽 8강이 어려울 것 같다."고 말했다. 준결승전 상대 체코의 크바첵 밀로우스 감독은 "한국 축구의 문제점은 단조로운 공격에 있다. 한국 축구는 이번 대회를 통해 전력이 완전히 노출되었다."고 혹평을 했다. 또한, 나이지리아의 아케아추 감독은 "한국축구팀이 86년 멕시코 월드컵 본선에서 선전했다는 소리를 듣고 기대를 했는데, 실제 경기를 해본 한국 축구대표팀의 전력에 크게 실망했다."며 한술 더 떴다. 그리고 몇몇 신문은 축구

인들을 동원해 체코와 준결승전에 대해 "4만 여 관중에게 미안한 경기였다. 4만 여 관중을 우롱한 경기였다. 더구나 감독이 승부차기 순서를 정해주지 않은 것은 직무유기였다. 이제 올림픽 축구대표팀을 전면 개편할 때다."라며 박 감독의 퇴진을 독려하는 논조를 실었다. 그러나 B 신문은 "한국팀은 강호 체코를 맞아 우세한 경기를 벌이고도 골 운이 따르지 않았다. 특히 박경훈이 이끄는 수비진은 체코의 파상공격을 잘 막아 냈다. 한국이 몇 번의 찬스 가운데 단 한 번만 살렸어도 결승전까지 오를 수 있었다."며 호평을 했다. 또한 C 신문은 시민들의 의견까지 곁들여 박 감독이 올림픽 축구대표팀에서 사퇴를 해서는 안 된다는 논조를 실었다. "박종환 감독이 88 서울 올림픽을 치러야 한다. 그만한 지도자가 국내에 어디 있는가 말이다."(탤런트 백일섭), "축구협회 안에 심한 알력이 있는 것 같다. 박 감독은 고집이 세지만 그만한 의욕을 가진 지도자도 드물다."(방배동의 이종석)

그런데 박종환 감독이 올림픽 경기에서 물러나게 된 계기인 사퇴 선언 TV 방송은 생방송이 아니라 교묘하게 편집된 녹화방송으로 드러났다.

후에 박 감독이 말하기를, "체코와 준결승전에서 패한

다음 날 축구장에 나갔을 때 몇몇 축구인과 기자들이 나에게 언제 사표를 낼 것이냐?"라고 물었다. 그래서 "자꾸 묻지 마라. 여러분들이 원하는 대로 그만두면 될 것 아니냐. 이 대회가 끝난 후 사표를 제출할 생각이다."라고 말했는데, 말의 앞뒤를 잘라내고 편집해서 "즉시 사표를 내겠다"는 말만 생방송처럼 나간 것이다.

결국, 박종환 감독은 대통령배 축구대회가 끝난 후 올림픽 축구대표 감독에서 물러나고, 1988 서울 올림픽 축구팀 대권은 고려대 출신의 김정남 감독과 연세대 출신의 김호건 코치에게 돌아갔다. 한국팀은 1988 서울 올림픽 축구에서 C조에 속해서 첫 경기인 소련과 2차전 미국과의 경기 모두 0:0 무승부를 기록했다. 그러나 8강 진출이 걸린 아르헨티나와의 경기에서 아깝게 1:2로 패해 8강 진출에 실패하고 말았다. 1988 서울 올림픽은 결승전에서 한국과 예선에서 0:0으로 비겼던 소련이 브라질을 2:1로 제압하고 금메달을 차지했다.

삼성 라이온즈, 20년 만에 첫 한국시리즈 우승

삼성 라이온즈는 프로야구 10개 팀 가운데 가장 환경이 좋은 팀이다. 삼성이라는 국내 최고의 재벌 그룹이 뒤에서 버티고 있고, 도내에 경북고, 대구 상원고, 대구고 등 야구 명문팀이 많다. 홈구장인 대구의 야구 열기도 부산, 인천에 버금갈 정도로 높다.

그러나 삼성 라이온즈는 1985년 전, 후기 통합 1위를 차지해 한국시리즈 없이 우승을 차지했을 뿐 한국시리즈를 통한 진정한 첫 우승을 한 것은 프로야구 출범 이후 꼭 20년이 지난 2002년이었다. 그 사이에 프로야구 원년부터 함께 출범한 두산(OB) 베어스는 프로야구 원년인 82년과 95년 그리고 2001년까지 3차례 우승을 차지했었고, 해태 타이거즈팀은 83년 첫 우승, 86년부터 89년까지 4연패, 91년, 93년 그리고 96년, 97년까지 모두 9번이나 한국시리즈 정상에 올랐다. 그리고 LG 트윈스가 90년과 94년 두 번, 태평양 돌핀스팀을 인수한 현대 유니콘스가 98년,

2000년, 한화 이글스가 99년에 우승을 차지했었다. 모두 5팀이 우승을 차지했었고, 해태 타이거즈는 무려 9번이나 우승을 차지하였다. 20년 동안 삼성 라이온즈팀은 철저히 조연 역할을 했다. 그러면 풍부한 자금, 훌륭한 선수, 좋은 감독, 열광적인 팬 등 우승을 하기위한 모든 조건을 갖추고도 우승까지 20년이나 걸린 이유는 뭘까?

역설적으로 말하자면 너무나 전력이 막강했기 때문이다. 85년 삼성 라이온즈팀은 통합 우승을 차지했다. 전기리그는 55전 40승 1무 14패 승률 0.741로 1위를 차지했는데, 프로야구에서 승률이 7할이 넘어가는 경우는 극히 드물다. 메이저리그와 일본 프로야구 그리고 한국 프로야구에서도 좀처럼 보기 드문 승률이다.

삼성 라이온즈는 후기리그에서도 55전 37승 18패 승률 0.673으로 1위를 차지해 전기리그 우승팀과 후기리그 우승팀이 갖는 한국시리즈를 없애 버렸다.

삼성 라이온즈는 전후기 통합 성적이 110전 77승 1무 32패 승률 0.706으로 전후기 통합 승률이 7할대를 넘었다. 프로야구 30년 가까이 되는 동안 1위 팀 승률이 7할이 넘어간 것은 프로야구 원년(OB 베어스, 7할) 이후 85년의 삼성이 처음이자 마지막이었다.

1985년의 삼성 라이온즈팀 다음으로 승률이 높았던 해는 2000년의 현대 유니콘스팀으로 133전 91승 40패 2무 승부로 승률이 0.695에 이르렀다.

　85년에 삼성 라이온즈팀의 승률이 7할이 넘는 동안 통합 2위를 차지한 롯데 자이언츠팀은 59승 51패 1무승부(승률 0.536)에 그쳤다. 1위 팀과 2위 팀의 승률이 무려 1할 7푼이나 벌어진 것이다. 당시 삼성 라이온즈팀 전력은 해태 타이거즈팀에 선동열 투수가 입단했음에도 불구하고 아직 신인이었기 때문에 삼성 라이온즈 한 팀과 다른 5팀의 통합 팀이 맞붙어도 어디가 승리할지 알 수 없을 것이라는 평가를 받았었다. 우선 마운드에는 25승으로 최다승을 기록한 최다 승리투수 공동 1위 (25승), 최다탈삼진 1위 (126개), 승률 1위 (0.833) 그리고 투수 부문 골든 글러브를 수상하면서 최고의 한 해를 보낸 우완 에이스 김시진과 함께 공동 다승왕(25승)을 차지했던 재일 교포 왼손 에이스 김일융, 한국 프로야구 사상 원투 펀치가 합해서 50승을 넘긴 것은 처음이었다. 그리고 한국 프로야구에서 김영덕 감독이 가장 먼저 마무리 개념을 도입해 권영호 선수가 전문 마무리를 전담하면서 28세이브 포인트(2구원승, 26세이브)를 기록했다.

클린업 트리오도 막강했다.

프로야구 사상 최고의 왼손 타자라는 장효조가 83년에 이어 두 번째 수위타자(0.373) 상을 받으며 출루율(0.467) 상을 차지하면서 3번, 4번은 22개의 홈런으로 홈런 1위 87타점으로 역시 1위, 13개의 승리타점으로 1위를 차지하면서 포수 부문 골든글러브상을 받은 이만수, 5번은 김성래(0.283, 13홈런) 그리고 6번에 지명타자 박승호(2할 9푼) 그리고 하위타선에 이종두·김용국 등이 버티고 있었다. 그러나 삼성 라이온즈는 너무 전력이 막강했던 것이 탈이었다. 1985년 삼성 라이온즈는 시즌 직후 대구상고(건국대)를 나온 연고지 선수 이강돈을 1차 지명했다. 삼성 라이온즈는 이강돈에게 계약을 맺기 전, 스스로 군대문제를 해결하라는 조건을 달았다. 지금도 그렇지만 당시에도 선수의 군대문제는 가장 큰 고민거리였다. 이강돈은 이해할 수가 없었다. 삼성 라이온즈에 입단해서 선수로 활약하면서 현역을 가든지, 방위로 빠지든 아니면 면제를 받든 할 것 아닌가? 그런데 먼저 군대문제를 해결하라는 것은, 이강돈이 생각할 때 군대문제를 해결하지 않으면 계약을 하지 않겠다는 뜻으로 보였다. 그렇지 않으면 군 문제를 해결한(3년 후) 이후에 계약하자는 것으로 해석할 수 있었다. 삼성 라이온즈는 이강돈 선수가 건국대학교에서 중심타자로 활약하면서 수준급 선수라는 점을 인정하고 있었지만, 마침 삼성 라이온즈 외야진에 장효조·장태수·이종두 지명타자로 활약하고 있는 박승호 등 좋은 선수들이 많아서 당장 이강돈이 아쉽지가 않았던 것이다.

이강돈이 삼성 라이온즈의 처사에 불만을 품고 있던 차에 86년부터 프로야구에 뛰어든 신생팀 빙그레 이글스가 이강돈에게 입단을 권유해 왔다. 물론 빙그레는 군대 문제는 일절 언급하지 않았다. 당시 빙그레팀에는 다른 6개 구단에서 보호선수 외에 선수들을 브내줬지만, 당장 쓸 만한 선수가 별로 없었고, 그해 대졸 신인들도 많이 받았지만, 프로리그에서 활약할 선수가 눈에 띄지 않았다. 빙그레 이글스팀 선수구성을 맞고 있던 노진호 단장이 이강돈이 아직 삼성 라이온즈와 계약을 하지 않았다는 정보를 듣고 접근해 온 것이다. 물론 삼성 라이온즈팀은 발끈했다. 아무리 신생팀이라지만 빙그레 이글스팀이 프로야구 근간을 흔드는 일을 저지른 데 대해 강하게 항의하고 나섰다. 그러나 빙그레 이글스팀 전력 보강에 총대를 메고 있는 노진호 단장이 불과 1년 전에 삼성 라이온즈 단장을 지냈었고, 프로야구 전체 분위기가 신생팀 빙그레 이글스를 살려야 한다는 것이었다.

또한, 당시 삼성 라이온즈 외야진이 막강했기 때문에 이강돈이 삼성에 입단하더라도 최소한 1~2년은 2군에서 썩어야 했다. 그러나 이강돈이 빙그레 이글스팀에 입단하면 당장 빙그레 이글스 외야진을 이끌 주전 멤버가 된다. 삼성 라이온즈는 결국 대승적인 차원에서 이강돈을 양보했다.

한국야구위원회 KBO도 전력 평준화 차원에서 이강돈이 빙그레 이글스로 가는 것을 눈감아 준 것도 크게 한 몫을 했다. 그러나 이강돈을 포기한 것은 삼성 라이온즈의 엄청난 실수였다. 이강돈은 빙그레 이글스에 입단하자마자 347타수 103안타(0.297) 36타점 10홈런 11도루로 공격과 수비에서 발군의 활약을 했다. 이강돈은 1989년(137안타), 1990년(146안타) 2년 연속 최다안타 상을 받았고, 1990년 최다득점(81득점)을 기록하며 정확한 타격, 빠른 발과 뛰어난 야구센스로 정상급 외야수로 활약했다. 이강돈은 1987년 8월 27일에는 사이클 히트도 기록했다. 이강돈은 빙그레 이글스, 94년 이후 한화 이글스 두 팀에서 86년부터 97년까지 12년 동안 0.284의 높은 타율에 87홈런, 556타점, 88도루의 알토란같은 활약을 했다. 이후 삼성 라이온즈가 배출한 어떤 외야수 못지않은 뛰어난 활약을 했다. 만약 삼성 라이온즈가 이강돈 선수를 끝까지 포기하지 않았다면, 첫 우승이 더 빨랐을 가능성이 높다. 그렇다면 프로야구 역사도 달라졌을 것이다. 삼성은 이후 2005년과 6년 2연패, 2011에서 2013까지 3연패를 하는 등 2000년대 최고의 팀으로 군림하고 있다.

말기암 송성일의 금메달 투혼

이종격투기의 원조는 고대올림픽의 판크라티온이다. 지금의 복싱과 레슬링을 합친 것 같은 격한 격투기인데 두 선수 가운데 한 선수가 기권할 때까지 경기가 계속된다.

1976년 일본에서 벌어진 프로복서 무하마드 알리와 프로레슬러 안토니오 이노끼의 대결을 꼽을 수가 있는데 그 경기는 이노끼가 시종일관 링 바닥에 드러누워서 경기를 하는 바람에 싱겁게 무승부로 끝났다.

이후 미국의 UFC를 시작으로 일본의 프라이드 FC와 K-1 그리고 한국에도 짐미 파이브 등이 잠깐 관심을 끌다가 사라졌다.

한국의 이종격투기 선수로는 2m 18cm 거인 최홍만이 민속씨름에서 K-1으로 전향해서 잠깐 활약을 했었고, 최홍만의 뒤를 이어 김영현·이태현 등 민속씨름 선수들과 프로복싱 세계 챔피언 출신 최용수·지인진 그리고 유도선수 출신의 윤동식 등이 잇따라 뛰어들었지만 모두 실패하고 말았다. 최근 UFC에서 활약하고 있는 페더급 정찬성, 웰터급 김동현 선수만이 제몫을 해 주고 있을 뿐이다. 90년대 그레코로만형 레슬링 100kg급 대표선수였던 송성일은 실력과 용모를 겸비한 천부적인 이종격투기 선수라는 평가를 들었다. 하지만 송성일은 아깝게 26살이라는 젊디젊은 나이에 요절하고 말았다. 송성일은 위암 말기의 만신창이 몸을 이끌고 아시안게임에 출전해서 그레코로만형 100kg급에서 금메달을 획득했다. 위암 말기라는 것이 밝혀졌다면 아시안게임 출전이 좌절되는 상황에서 송성일은 자신이 위암이라는 것을 알고도 아시안게임에 출전한 것인지, 아니면 정말 모르고 나간 것인지 밝혀지지 않고 있다.

1994년 히로시마 아시안게임을 앞두고 태릉선수촌에서 훈련하고 있던 송성일 선수는 훈련할 때는 몰랐으나, 이상하게 훈련이 끝나고 나면 속이 쓰리고 아팠다. 그때마다 송성일 선수는 태릉선수촌에서 위장약을 타서 먹었다. 위장약을 자주 복용했던 송성일에게 당시 선후배 동료 선수들은 우스갯소리로 '미스터겔포스'라고 불렀다.

남자 레슬링 그레코로만형 100kg급 대표였던 송성일은 평소 체중이 110kg 가까이 나갔고, 대회를 앞두고 서서

히 체중을 빼다가 대회 2~3일 남겨 놓고 마지막에 2~3kg을 더 빼서 컨디션을 조절했는데, 히로시마 아시안게임을 앞두고는 저절로 빠지기에 오히려 반가워했다.

본인이 알고 있었는지 모르지만, 송 선수의 체중이 빠진 것은 그가 위암 말기였기 때문이었다. 송성일 선수는 처음에는 자신이 위암 말기의 위중 환자인지도 모른 채 히로시마 아시안게임을 앞두고 위암 수술을 받은 어머니를 위로하기 위해 금메달을 목표로 더욱 열심히 운동을 해왔었다. 송 선수는 히로시마 아시안게임에서 금메달을 딴 후, 긴장이 풀려서인지 속이 자꾸만 더 아팠다. 운동선수라 웬만한 고통은 참고 견딜 수 있는데, 당시의 고통은 마치 뱃속을 젓가락으로 휘젓는 것처럼 아팠다고 한다. 히로시마 아시안게임 금메달의 행복을 누릴 사이도 없이 의사로부터 위암 말기라는 사형선고를 받았다. 만약 위암 초기이거나 1기, 또는 2기 정도라면 본인도 모를 수 있겠지만, 3기를 훨씬 지나 말기에 이르기까지 본인이 몰랐다는 것은 미스터리이다. 더구나 운동선수들은 음식을 먹고 소화를 잘 시켜야 영양흡수가 잘되어 힘을 쓸 수 있다. 송성일이 말기 암 판정을 받은 게 히로시마 아시안 게임 직후인 1994년 11월경이었고, 그로부터 3개월 후인 1995년 1월 29일 사망했으니 위암이 얼마나 진행이 됐는지 짐작을 할 수 있을 것이다.

  송성일은 중학교 2학년이던 14살 때 학교 담임선생님의 권유로 레슬링을 시작했다. 레슬링을 시작한 지 6개월 만에 경기도대회에서 우승해 일찍이 레슬링선수로서의 자질을 보였다. 1987년 국가대표팀 상비군으로 발탁된 뒤 한동안 운동을 포기한 채 웨이터, 선원생활 등을 하며 방황했지만, 1991년 어머니가 위암이 발병한 후 병세가 악화되자 마음을 다잡고 운동에 복귀했다. 1991년과 1993년 아시아 레슬링선수권대회 그레코로만형 90kg급 2연패에 성공하면서 재기에 성공했고, 1년 만에 체급을 올려 94년 히로시마 아시안게임 100kg급 금메달을 딴 것이다. 송성일 선수가 금메달을 획득하자 세계 레슬링계에서는 2년 후에 벌어질 96년 애틀랜타 올림픽 아시아 레슬링 선수 가운데 가장 유력한 금메달 후보로 꼽기도 했다. 워낙 호인다운 성격에 체격이 좋고 얼굴도 잘생겨서 당시 막 태동하려던 일본의 격투기계에서 당시로는 천문학적 숫자인 억대 스카우트 제의를 하기도 했다. 일본 격투기 히어로즈의 대표인 마에다 아키라는 송성일 선수에게 레슬링을 그만하고 이종격투기로 전향을 하라고 적극적으로 권유했었다. 마에다 아키라는 재일교포로 송성일 선수의 훌륭한 체격 조건과 잘생긴 얼굴이 이종격투기 선수로 제격이라고 보고 스카우트 손길을 뻗었다. 더구나 아시안게임에서 금메달까지 따자 실력과 용모, 배경 등 삼박자를 고루 갖춘 것에 반해서 더욱 적극성을 보였다. 그런데 송성일 선수가 말기 암에 걸렸다는 소식을 듣고는 매우 안타까워했다.

송 선수는 죽기 일주일 전까지도 "모든 시합은 끝나봐야 아는 거예요. 내가 최선을 다해서 악착같이 살아 볼게요."라며 삶에 대한 희망을 잃지 않았었다. 송성일 선수가 요절한 후, 그의 집안에는 불행이 덮쳐왔다. 송 선수 어머니는 송 선수가 죽고 1년 후에 사망했으며, 남동생 또한 수년 후 위암으로 사망하였다.

아무튼 송성일이 암에 걸렸다는 사실을 알고 있었는지 모르고 있었는지 확인할 수 없지만, 위암 말기였음에도 불구하고 투혼을 발휘해 아시안게임에서 금메달을 따는 기적 같은 일을 해냈다. 격렬하게 힘과 기를 겨루는 투기 종목, 그것도 국제대회에서 암을 극복하고 금메달을 딴 기록은 이전에도 없었고, 아마 앞으로도 힘들 것이다.

쇼트트랙 짬짜미

스포츠는 정직을 먹고 산다.

모든 스포츠의 기본은 경기장에서 공정하게, 자신이 가진 실력을 최대한 발휘해서 객관적으로 평가를 받는 것이다. 그런데 선수끼리 짜고 경기를 했다면, 이는 자기 자신은 물론 관중과 시청자 또는 세상을 속이는 매우 심각한 범죄에 해당한다.

쇼트트랙 스피드스케이팅의 2010 밴쿠버 동계올림픽 남자 1,500m 등 2관왕 이정수와 남자 5,000m 계주 은메달리스트 곽윤기 선수가 서로 짜고 경기를 치른 이른바 짬짜미로 자격정지 3년을 받았다가 6개월로 대폭 삭감되었다. 어떻게 해서 중징계가 경징계로 되었는지 의문이다.

이정수·곽윤기 두 선수의 쇼트트랙 짬짜미 파문에는 그동안 쇼트트랙의 부조리가 압축되어 있는 완결판이다. 쇼트트랙은 한때 한국팀이 남녀 모두 세계정상을 달렸다. 그래서 쇼트트랙에서 국가대표가 되면 동계아시안게임이나 동계올림픽에서 메달을 따서 남자의 경우 병역면제 혜택과 평생연금이 보장되고, 여자의 경우도 수많은 포상금과 함께 평생연금이 보장되었다. 그래서 국가대표 자리를 놓고 갖가지 불협화음이 일어났었다.

툭하면 불거져 나오는 선수 폭행은 이미 오래된 관행이 되었다. 아직 10대 선수들을 코치들이 손바닥과 주먹뿐 아니라 심지어 스케이트 날 집, 하키스틱 등 빙상 경기장에 있는 모든 흉기를 동원해 제자를 폭행했었다. 또한, 선수와 코치 심지어 학부형까지 서로 패거리를 만들어 상대 패거리에게는 온갖 해코지를 한다는 것 역시 공공연한 비밀이었다. 그래서 한때 쇼트트랙을 학원 스포츠에서 영구 퇴출해야 한다는 주장까지 있었으며, 국가대표 선수들이 태릉선수촌에 입촌을 거부하기도 했었다.

심지어 "라이벌 중국 선수들에게는 뒤져도 되지만, 상대 패거리 선수가 뒤에서 치고 나오면 같이 넘어져라." 지시하는 매국노적인 코치의 발언이 폭로되기도 했다.

아무튼, 2010 밴쿠버 동계올림픽에서 금메달 2개, 은메달 1개를 따낸 이정수 선수가 밴쿠버 동계올림픽 직후에 열린 2010 세계스피드스케이팅 선수권대회에서 발목부상을 이유로 출전하지 않으면서 짬짜미가 세상에 드러났다.

이정수는 발목을 다치지 않았고, 코치들이 강제로 사유서(부상 때문에 출전하지 않았다는 내용)를 쓰게 했다고 폭로했다. 결국, 이정수·곽윤기 두 선수와 전재목 코치를 심문한 결과 2010 밴쿠버 동계올림픽 직전에 열린, 2009년 밴쿠버 동계올림픽 국내 선발전에서 짬짜미가 있었던 것으로 밝혀졌다. 이정수와 곽윤기가 전재목 코치의 지시 아래 서로 밀어주기 경기를 해서 이정수가 밴쿠버 동계올림픽에 출전하고, 곽윤기 선수는 이어서 벌어지는 세계선수권대회에 출전하기로 했다는 것이다.

대한체육회, 문화관광부, 대한 빙상경기연맹이 함께 구성한 공동조사위원회는 2010년 4월 22일, 해당 선수에 대한 '자격 정지 최소 1년 이상', 쇼트트랙 부문 최고 책임자인 유태욱 부회장을 비롯한 빙상연맹 집행부의 자진 사퇴 등을 건의했었다. 그러나 대한 빙상경기연맹 상벌위원회는 선수들에 대한 징계 부분을 '자격정지 3년'으로 상향시켰다. 사실상 선수 생명을 끊은 것이다.

지난 수년간 쇼트트랙에서는 갖은 불상사들이 있었지만 빙상연맹은 그동안 미봉책으로 일관해왔었다. 각 파벌 간의 싸움과 그로 인한 폐해를 너무도 잘 알면서도 고의적으로 방치해왔다고 할 수 있다. 중요한 것은 오직

올림픽 금메달 획득 때문이었다.

  쇼트트랙 짬짜미 파문은 그저 이정수와 곽윤기 선수나 전재목 코치 등만의 문제가 아니라, 대표팀 내부와 연맹에 이르기까지 구조적인 문제이고, 많은 모순이 존재하는 것이 사실이었다. 애초 빙상연맹의 결정대로라면 이정수와 곽윤기 선수는 2013년에 열리는 소치 동계올림픽 대표선발전에도 나설 수 없고, 2014년 소치 동계올림픽에 출전할 기회조차 박탈당하게 되는 것이다. 두 선수 모두 사실상 은퇴를 해야 한다. 그러나 이정수·곽윤기 두 선수의 징계는 어찌 된 일인지 '6개월 자격정지'로 대폭 완화되었다. 그 이유는 2010년 5월 말 국제올림픽 위원회 IOC로부터 날아온 이메일 한통 때문이었다.

  IOC는 대한체육회에 아래와 같은 내용으로 팩스를 보내왔다.

1. 이정수·곽윤기 선수 파문의 자세한 내용을 알려 달라.
2. 2010 밴쿠버 동계올림픽과 연관이 있는 건가.
3. 이번 사태(이정수 곽윤기 파문)에 대한 대한체육회의 입장은 무엇인가?

  이 팩스로 대한체육회와 대한빙상경기 연맹은 발칵 뒤집혔다. 잘못하면 밴쿠버 올림픽에서 이정수·곽윤기가 올린 성적(금메달 2개, 은메달 2개) 등이 모두 수포로 돌아갈 가능성이 있기 때문이다. 더욱 큰 문제는 동계종목 선수들이 이정수·곽윤기 파문으로 인해 2018년 동계올림픽 유치에도 영향을 받는 게 아닌가 하는 점이었다. 상급기관인 문화체육관광부는 'IOC에서의 이메일'에도 상관이 없이 중징계해야 한다는 분위기였다. 그러나 대한체육회와 대한 빙상경기연맹은 이정수·곽윤기 두 선수가 중징계를 받을 경우, IOC로부터 불이익을 받을 것을 우려해 전전긍긍하고 있었다.

해결방법은 이정수·곽윤기 선수가 이의신청하고, 두 선수의 징계를 대폭 경감시켜주는 것밖에는 없었다. 두 선수는 대한체육회에 이의신청을 냈고, 대한체육회 법사위원회는 2010년 7월 20일 두 선수의 자격정지를 3년에서 6개월로 대폭 경감시켜 주었다. 6개월 징계사유는 아래와 같다.

> 2009년에 있었던 2010 밴쿠버 동계올림픽 대표 선발전에서의 사전 담합 혐의에 대해서는 관련 당사자(이정수, 곽윤기, 전재목)들의 의견이 일치하지를 않고, 이를 단정할 결정적인 증거자료가 부족하나, 이정수 선수는 2010년 세계쇼트트랙 스피드스케이팅선수권대회 개인전 출전 직전, 허위

사실의 확인서를 제출하는 방법으로 출전선수 선정과정에서 일부 비위를 저지른 사실이 인정됨.

곽윤기 선수는 2009~10 쇼트트랙스피드스케이팅 국가대표 선발전(2010 밴쿠버 동계올림픽 선발전) 3일째 경기 1,000m 준결승전에서 동료인 이정수 선수를 도와준 사실을 시인했고, 전재목 코치도 일부 이에 부합하는 사실을 시인하여, 위 곽윤기 선수가 경기 중 동료 선수를 도와준 비위 사실이 인정된다고 했다. 그러나 이같이 짬짜미를 했다고 인정을 하면서도 징계는 극히 약했다. 그 이유는 국가대표로서 사회적 물의를 야기한 점이 인정되나, 두 선수 모두 올림픽과 세계선수권대회에서 국위선양에 크게 기여를 했고, 현재 깊이 반성하고 있는 사실과 수개월 동안 선수생활을 하지 못한 점 등을 종합적으로 감안하여 두 선수에게 자격정지 6개월을 결정한다는 것이다. 그러니까 대한체육회 법사위 해석대로라면, 단지 허위사실 확인서를 제출(이정수)한 것과 짜고 경기를 한(곽윤기) 선수에게 똑같은 형량을 내린 것이다. 쉽게 말해, 코치에게 몸이 아프다며 엄살을 부린 것과 경기를 짜고 한 것을 똑같이 취급한 것이다. 대한체육회가 IOC의 서슬 퍼런 칼날을 피하기 위한 고육지책(苦肉之策)이었다.

신금단은 여자인가?

육상 수영 등 모든 종목에서 아시아 선수 가운데 가장 훌륭한 기록을 낸 선수는 북한의 신금단 선수다.

신금단은 1950, 60년대 북한에서 활으한 세계적인 육상선수였다. 그녀는 1960년 모스크바 국제 육상선수권대회 여자 800m에서 세계 신기록으로 우승을 차지했고, 1962년에는 400m에서 세계 신기록을 세웠다. 신금단은 현역 시절 무려 11번의 세계 신기록을 갈아치웠고 국내외를 통틀어 무려 290회나 우승을 차지했다.

신금단은 1963년 인도네시아 자카르타에서 22개국 선수가 출전한 가운데 열린 제1회 가네포대회(신생국 경기대회)에서 여자 육상 200m, 400m, 800m에서 3관왕을 차지했다. 그 대회 400m와 800m에서 세계 신기록을 세웠는데, 400m는 51초 40, 800m는 1분 59초 10이었다. 특히 400m, 800m 중거리 전문 선수가 200m에서도 우승을 차지해 지구력과 함께 발군의 스피드도 갖추고 있었음이

증명되었다. 그녀가 수립한 세계 신기록이 얼마나 대단한 기록인지는 50년 가까이 지난 현재의 한국 신기록과 비교해 보면 알 수 있다. 현재 한국 여자 400m 신기록은 이윤경이 세운 53초 67로, 신금단의 기록보다 무려 2초 27이나 뒤지며, 800m 한국 기록은 최세범이 세운 2분 05초 11로 신금단보다 무려 6초 01이나 뒤떨어진다. 당시 그녀의 기록은 세계선수권대회나 올림픽에 출전하면 거의 금메달감이었다. 만약 신금단이 올림픽이나 세계육상선수권대회 같은 메이저대회에 출전했더라면 2관왕 또는 3관왕이 되어 아시아 선수로는 영원히 깨트리기 어려운 대기록을 세웠을 것이다. 그러나 그녀는 가네포대회 이듬해 벌어진 64년 도쿄 올림픽에 출전하지 못했다. 국제올림픽위원회(IOC)가 가네포대회에 출전했던 선수들의 올림픽 출전을 불허하는 바람에 북한선수단이 도쿄 올림픽에 출전하러 일본까지 갔다가 철수했기 때문이다. 당시 가네포대회는 인도네시아 대통령 수카르노가 IOC를 탈퇴하고, 제국주의에 반대하기 위해 만든 대회였기 때문이다. 신금단은 비록 올림픽에는 출전하지 못했지만, 남한에 사는 자신을 낳아 준 아버지를 만날 수가 있었다. 북측의 딸 신금단과 남측의 아버지 신문준 씨의 상봉은 최초의 이산가족 상봉이자 당국 간 협의를 거치지 않은 채 이뤄진 '무작정 만남'인 셈이었다. 신금단은 1951년 1·4후퇴 때 헤어진 이후 서울에 살고 있던 아버지와 13년만에 상봉했다. 아버지 신씨는 51년 1·4후퇴 때 헤어진 딸의 올림픽 참가 사실을 신문에서 읽고 단숨에 도쿄로 날아갔다. 부녀는 북한 선수단이 도쿄 올림픽 출전을 포기하고 도쿄를 떠나기 직전 극적으로 만났다. 그러나 "금단아", "아바이"로 시작된 부녀의 상봉은 오래가지 못했다. 고작 7분간의 만남 뒤에 딸은 니가타 행 열차를 타기 위해 눈물을 뿌리며 아버지의 손을 놓아야 했다. 아버지는 열차가 떠나는 우에노 역으로 달려가 역장실에서 다시 딸과 포옹할 수 있었다. 불과 3분 뒤 딸은 "아바이 잘 가오."라는 말을 남기고 북쪽으로 사라졌다.

부녀가 7분, 3분간 모두 합해서 만난 10분은 이 세상에서의 마지막 만남이었다. 부녀는 다시 얼굴을 보지 못했고 아버지 신 씨는 그로부터 19년이 지난 1983년 사망했다.

1938년 1월 3일생인 신금단은 아직 북한에 살아 있다. 신금단은 북한에서 현역 은퇴 후 사회안정성 체육단(72.4)을 거쳐 압록강체육선수단에서 육상지도원으로 활약했다.

만약 신금단이 1964년 도쿄 올림픽에 출전했다면 어떤 성적을 올렸을까? 앞서 언급했듯이 신금단은 400m와 800m를 주 종목으로 하는 중거리 전문 선수였다. 400m 최고기록은 51초 40, 800m는 1분 59초 10이었다. 게다가 26살로 여자 육상 중거리 선수로는 한창 전성기를 누릴 나이였다. 1964년 도쿄 올림픽 여자 육상 금메달 기록은 신금단의 개인 최고기록에 한참 떨어진다.

신금단이 올림픽이라는 큰 무대, 기록보다는 순위경쟁을 하는 무대에서 자신의 기록을 세운다는 보장은 없지만, 당시 신금단은 한창 자신이 세운 기록을 단축해가는 추세에 있었다는 점을 고려하면 좋은 성적을 올렸을 가능성이 매우 높다. 도쿄 올림픽 여자 400m 금메달은 호주의 커트비트 선수가 차지했는데, 52초 F의 올림픽 신기록이었다. 신금단의 최고기록 51초 40에 0.60초 뒤지는 기록이다. 그리고 은메달은 영국의 파커 선수로 52초 02, 동메달은 호주의 아무어 선수로 53초 04를 기록했다. 만약 신금단이 도쿄 올림픽에 출전했다면 금메달이 가능했고, 최소한 메달 권에 들어갈 수 있었다.

이제까지 올림픽이나 세계선수권대회 같은 메이저 급 대회에서 아시아권 여자 선수가 올림픽 중거리에서 메달을 딴 선수가 없다는 것을 생각하면 신금단이 출전 만했으면 아시아육상의 역사를 바꿔 놓을 뻔했다. 그리고 800m 금메달은 400m에서 은메달을 딴 영국의 파커 선수가 2분 01초 10의 세계신기록을 차지했다. 신금단이 보유하고 있던 800m 세계신기록인 1분 59초 10에 무려 2초나 뒤지는 기록이다. 만약 신금단이 이 종목에 출전했으면 400m보다 금메달을 딸 수 있는 확률이 높았다. 여자 800m 은메달은 2분 01초 09의 프랑스의 듀뻬레르, 동메달은 2분 02초 08의 뉴질랜드의 참버레인 선수였다.

문제는 신금단 이후 북한에서 신금단 기록을 깨는 선수는커녕 그 근처라도 가는 선수가 나오지 않는다는 점이 미스터리라고 할 수 있다. 아무리 신금단이 천재선수라고 하더라도 거의 반세기가 지나는 동안 그에 필적할 만한 선수가 나오지 않는 것(또는 북한이 키우지 못하는 것도 포함)이 이상하다. 그래서 당시 세계육상계에서는 신금단이 '남자가 아니냐'는 말이 나돌기도 했다. 남한에 있는 아버지 신문준 씨가 부인과의 사이에 낳은 딸이라고는 하지만, 신문준 씨가 사망해서 확인할 길은 없다.

신금단 사건 이후 15년가량이 지난 1979년 아시아육상선수권대회에 출전한 북한의 장영애 선수는 800m에서 신금단의 최고기록보다 무려 10초 이상 뒤진 2분 10초대의 기록으로 은메달에 머물렀고, 2000년대 들어서도 북한의 여자 400m 기록과 800m 기록은 신금단의 기록보다 최소한 4~10초 이상 뒤진다. 신금단 이후 50년 가까이 지났는데 기록은 오히려 엄청나게 퇴보한 것이다. 또한, 북한에서 신금단이 지난 97년 무렵 환갑을 지났고, 육상 지도자로 활약하고 있다는 소식은 간간이 들려오지만, 그의 자녀에 대해서는 전혀 정보가 없다. 만약 정상적으로 출산했다면 신금단을 이을 세계적인 육상 선수가 될 가능성도 있었을 텐데 전혀 알려진 것이 없다. 과연 신금단은 여자였을까?

96년 아시안컵 고의 패배였나?

한국 축구는 월드컵축구와는 인연이 많지만, 월드컵 축구처럼 4년마다 치르는 아시안컵 축구와는 인연이 별로 없다.

월드컵 본선은 1954년 처음으로 본선에 올랐다. 이후 1986년 멕시코 월드컵에 32년 만에 진출해 2014 브라질 월드컵까지 8번 연속 본선에 올라 아시아 최고기록을 세워나가고 있다. 그러나 아시안컵은 달랑 네 나라가 출전한 1956년 1회 홍콩 대회와 2회 한국 대회에서 우승을 차지한 이후 50여 년 동안 우승을 하지 못하고 있다.

1956년 1회 홍콩 대회는 홍콩과 개막전에서 2골을 먼저 내주고 끌려가다가 2:2 무승부를 기록했다. 이후 이스라엘에 2:1, 베트남에 5:1로 이겨 2승 1무로 우승을 차지했다. 2회 아시안컵은 한국에서 열렸다. 지금은 사라진 효창축구장에서 열린 대회에서 베트남에 5:1, 이스라엘에 3:0, 그리고 자유중국을 1:0으로 제압하고 3연승을 올리며 대회 2연패에 성공했다. 그러나 이후 한국 축구는 아시안컵에서 이란, 이라크 등 중동의 벽에 막혀 번번이 정상에 오르는 데 실패했다. 그 가운데 96년 아시안컵 8강전에서 이란에 2 : 1로 앞서나가다가 6 : 2로 역전패를 당한 것이 가장 뼈아픈 패배다.

한국 축구는 1948년 런던올림픽에서 강호 스웨덴에 12 : 0으로 패한 것이 A매치에서 가장 큰 점수 차로 패한 경기다. 이후 1964년 도쿄 올림픽 때 아랍공화국에 0 : 10으로 패했고, 이전에 1954년 스위스 월드컵에 헝가리에 0 : 9로 패했다. 그러나 아시아권에서 축구 강국으로 군림하고 있는 한국 골문에 승패를 떠나 5골 이상을 넣은 나라가 없었는데, 무려 6골을 그것도 2 : 1로 뒤지다가 6 : 2로 역전승을 올렸다는 것은 불가사의한 일이 아닐 수 없다.

1996년 아시안컵은 1983년 국제축구연맹 20세 이하 월드컵 4강의 주역 박종환 감독이 이끌었다. 대회가 시작되기 전부터 대표팀 분위기가 좋지 않았다. 훈련도 제대로 하지 못했을 뿐만 아니라 평가전도 한 번 해보지 못했다. 게다가 코치로 추천을 받은 허정무 씨가 고사를 한 것으로 알려졌다. 그러나 출전 멤버의 면면을 보면 역대 최강의 멤버라고 해도 좋을 정도로 화려했다.

당시 이란과의 8강전 출전 멤버를 보면, 황선홍과 함께 당대 최고의 골게터 김도훈, 영리한 신태용, 고등학교를 나와 실업팀에서 활약하다가 뒤늦게 프로에 들어와 빛을 본 박광현, 부지런한 박남열·박종환 감독의 애제자 이영진, 코뿔소 고정운, 그리고 국가대표에서 은퇴했지만 박종환 감독이 다시 부른 아시아 최우수선수상을 두 차례 수상한 김주성, 83년 멕시코 청소년 축구대회 4강의 주역 김판근, 골키퍼 김병지와 아시아 최고의 수비수 홍명보 등이다. 이런 화려한 멤버가 이란과의 8강전에서 전반전을 2 : 1로 앞서다가 후반전에 내리 5골을 허용해서 2 : 6으로 대 역전패를 당한 것이다. 더구나 알리 다이에 한 선수에게 무려 4골을 허용했다.

  이상하게 후반전 시작하자마자 미드필드 진영은 체력이 달리는지 신태용, 김주성 등은 거의 뛰지 못했다. 후반전 이란의 전설적인 공격수로 남은 알리 다이에를 번갈아 마크하던 스토퍼 박광현, 허기태가 속수무책으로 뚫렸고, 그때마다 실점으로 이어졌다. 스위퍼를 보던 홍명보는 알리 다이에가 페널티박스 안으로 돌파해올 때 뒤로 물러나며 거리를 잡고 있다가 느닷없이 때린 슈팅을 다리 사이로 통과시켜 골을 허용하기도 했다.

아시안컵에서 이란에 참패를 당한 이후 국내 여론은 극히 좋지 않았으며, 별의별 소문이 나돌았다. 그 가운데는 "홍명보·황선홍이 박종환 감독을 국가대표 감독에서 끌어내리기 위해 이란과의 후반전에 태업성 플레이를 했다.", "홍명보가 이끄는 축구선수 모임인 '열하나회' 멤버들이 박 감독을 몰아내기 위해 최선을 다하지 않았다.", "현지에서 중요한 경기를 앞두고 선수들이 술을 먹었다." 등 원래 패한 팀은 말이 많은 법이다. 특히 패배가 납득이 되지 않을 경우 소문이 더욱 무성하다.

이란에 2:1로 앞서다가 6:2로 역전패한 것에 대해 당사자인 박종환 감독은 나중에 "당시는 자살까지 생각했었다."고 말하기도 했다. 그러나 홍명보가 주축이 되어서 태업성 플레이를 했다는 것은 말이 안 된다. 국가대표 선수들 가운데 고정운·신태용·김판근·박광현·박남열 등 절반 이상이 천안 일화 선수 출신이거나 박 감독의 사람들로 분류되는 선수들이었다. 홍명보가 설사 그런 생각을 하고 있었더라도 도무지 실행시킬 수 없는 멤버구성이었다. 홍명보가 주축이 된 '열하나회'에 노정윤 같은 스타플레이어도 있지만 대부분 평범한 축구선수들의 친목회로서 국가대표 경기라는 거사를 그르칠 만한 힘을 가진 단체가 아니다. 오히려 '열하나회'는 지방의 열악한 환경에서 축구를 하는 후배들에게 축구용품을 지급하고, 축구교실을 열어 축구 발전에 이바지하는 일을 하고 있었다. 아마 요즘 매년 크리스마스 무렵에 '홍명보 자선경기'도 '열하나회'의 정신을 이은 행사라고 해도 틀리지는 않을 것이다.

공식적으로 음주가 금지되어 맥주 한 병 없는 아랍에미리트(UAE)에서 경기력에 지장을 줄 만큼 술을 마실 수도 없었다. 다만 아시안컵 축구대회가 열린 12월이 프로리그를 마치고 휴식에 들어가 있는 한국선수들의 스케줄과 맞지 않은 것이 결정적인 이유였을 것으로 분석되고 있다.

한국 축구대표팀은 프로리그를 마치고 곧바로 소집되어 박 감독이 치르는 특유의 체력 위주의 훈련을 마친 후 중국으로 가서 평가전을 치렀다. 한국팀은 예선에서 홈팀 아랍에미리트와 인도네시아, 그리고 쿠웨이트와의 경기에서 1승 1무 1패를 기록해 겨우 8강에 올라가 이란과 만난 것이다. 약체 인도네시아에는 이겼지만, 1:1로 비긴 아랍에미리트전이나 0:2로 패한 쿠웨이트전은 전반전보다 후반전에 급격히 체력이 떨어지는 모습을 보였다. 이란과의 경기에서 전반전에 앞서다가 후반전에 대역전패를 당할 조짐을 예선부터 보여준 것이다.

1956년 1회 대회 이후 4년 주기로 열리던 아시안컵 축구대회는 2007년 대회부터 올림픽이 열리기 1년 전에 열리고 있다. 2011년에 카타르대회가 열려 일본이 통산 5번째 우승을 차지했었고, 2015년에는 호주에서 열린다. 전 대회 우승팀과 준우승 그리고 3위까지는 다음 대회에 예선 없이 본선에 오른다. 또한, 우승팀에게는 상금은 없지만, 월드컵 개최국에서 월드컵이 벌어지기 전해에 열리는 대륙간컵축구대회, FIFA 컨페더레이션스컵 대회에 아시아 대표로 출전한다.

유제두의 리턴매치와 약물

1976년 2월 17일 밤, TV 위성중계로 세계타이틀 매치를 시청하던 한국 사람들은 1시간 가까이 고문 아닌 고문을 당해야 했다. 도쿄에서 벌어진 WBA 주니어 미들급 챔피언 유제두(당시 28) 선수가 자신보다 5살이나 많은 트럭운전자 출신의 일본 도전자 와지마 고이치 선수에 15라운드 내내 얻어터지다가 15라운드 1분 42초 만에 허망하게 KO패를 당한 것이다.

유제두는 한국 프로복서 가운데 대표적인 '일본 킬러'였다. 일본 복서에게만 28전 27승(24KO) 1무의 거의 100%의 승률을 올리고 있었다. KO율만 해도 85%가 넘어 일본에서는 유제두가 '공공의 적'이었다.

더구나 8개월여 전인 1975년 6월 7일 일본에서 챔피언 와지마 고이치 선수에게 타이틀을 빼앗을 때도 일방적으로 몰아붙이다가 7라운드 2분 4초 만에 KO로 이겨 타이틀을 획득했다. 일본은 와지마 고이치가 유제두에게 타이틀을 빼앗기자 옵션을 활용, 11월 11일 일본의 시즈오카로 유제두를 불러 미사코 마사히로에게 타이틀을 도전하도록 했다. 그러나 미사코 마사히로는 6라운드에만 3차례 다운을 빼앗긴 끝에 KO패를 당하고 말았다. 유제두에게 리턴매치에 나선 와지마가 이번에도 KO, 또는 판정패를 당할 것이라는 전망이 대세였다.

일본의 프로복싱 평론가 아오이다 씨는 "와지마 고이치가 유제두를 이기는 방법은 와지마 고이치의 컨디션이 최상이고, 유제두의 몸 상태가 최악일 때뿐인데 그런 우연이 겹칠 가능성은 거의 전무(全無)하다."고 말했다. 그런데 와지마는 유제두와 리턴매치를 앞두고 타이틀 조인식을 할 때부터 감기에 걸렸는지 마스크를 쓰고 나왔다. 그래서 그런지 일본 매스컴들은 와지마가 유제두를 이길 확률은 이제 낙타가 바늘을 통과하길 기대할 만큼 어렵게 되었다고 전망했다. 드디어 1라운드 공이 울렸다. 두 선수는 탐색전을 벌였다. 와지마는 지난번 타이틀 방어전에서 거리를 두고 싸우다가 실패한 것을 되풀이하지 않겠다는 듯 접근전을 펼쳤고, 유제두는 와지마의 왼쪽으로 돌면서 왼손 잽만 뻗었다. 2라운드에 접어들자 와지마는 특유의 개구리 전법을 구사, 허리를 구부렸다 펴

면서 좌우 훅을 휘둘렀다. 유제두도 특유의 라이트 어퍼와 보디불로를 터트리며 맞대응을 했다. 2라운드는 와지마의 레프트가 유제두의 안면에 몇 차례 터져 약간 우세했다고 볼 수 있었다. 유제두는 3라운드 공이 울리자 2라운드에 몇 차례 허용한 레프트 훅을 만회하려는 등 강력한 라이트 훅과 레프트 스트레이트를 날렸지만, 모두 와지마의 위빙으로 허공만 가른 셈이 되었다. 그러나 와지마도 별로 가격을 하지 못했다. 4라운드부터 와지마의 공격이 활기를 띠기 시작했다. 와지마가 뜻밖에 공격적으로 나오자 당황한 유제두가 백 스텝을 밟으며 원투 스트레이트로 응수했지만 별로 위력이 없었고, 2분 30초가 지날 무렵 와지마는 유제두의 안면에 레프트 스트레이트를 3, 4차례 성공했다. 5라운드에서 와지마의 맹공에 드디어 유제두의 코에서 피가 흐르기 시작했다. 6, 7라운드 유제두가 코피를 흘리며 반격을 했지만, 마음과 달리 몸이 말이 듣지 않는지 별다른 성과를 보지 못했다. 오히려 와지마의 반격에 유제두의 얼굴이 시뻘겋게 물들었다. 8라운드, 유제두는 작전을 바꿔 와지마의 배를 공격하기 시작했지만, 와지마는 개의치 않고 우제두의 안면을 난타하기 시작했다. 공이 울리기 2초 전 유제두가 다운되었으나 한국인 주심 김재덕 씨는 슬립다운으로 간주해서 카운트를 세지 않았다. 9라운드, 유제두는 8라운드 종료 직전 다운을 당하면서 힘이 빠졌는지 무수히 얻어맞으며 비틀거리기까지 했다. 10라운드는 두 선수 모두 지쳤는지 별다른 타격이 없었고, 유제두가 한 펀치에 끝내려고 회심의 라이트 훅을 날렸지만, 무위에 그치고 말았다. 11, 12라운드, 유제두는 전의를 상실한 듯 클린치하며 간간이 큰 펀치를 뻗었지만, 전혀 타이밍이 맞지 않고 오히려 역습을 당했다. 13, 14라운드, 와지마는 다시 힘을 얻어 유제두를 가격했고, 유제두는 비틀거리며 펀치를 냈지만, 펀치에 전혀 힘이 실리지 않았다. 이제 유제두는 승패를 떠나 경기가 빨리 끝나기만을 기다리는 듯했다. 드디어 운명의 15라운드, 유제두는 챔피언답게 심기일전, 와지마에 마지막 타격을 가하려 했지만 몸이 전혀 말을 듣지 않는 듯했다. 오히려 통렬한 라이트 훅에 턱을 얻어맞고 오른쪽 무릎을 꿇었다. 로프를 잡고 일어났으나 주심이 10을 셀 때까지 싸울 자세를 취하지 않아 KO패가 선언되었다. KO를 당하기 전인 14라운드까지 3명의 주심은 와지마가 유제두에게 70 : 60, 70 : 60, 70 : 66으로 일방적인 우세를 매기고 있었다. 일본 부심 2명은 그렇다고 하더라도 주심 김재덕 씨도 70:66으로 와지마의 우세를 인정했다. 그런데 와지마에 참패를 당한 지 10여 일이 지난 2월 29일, 유제두가 한 일간지에 충격적인 말을 했다.

"나는 타이틀 매치를 갖기 전에 약물에 중독이 되었었다."고 말했고, 그와 함께 유제두의 코칭스태프 가운데 한 명이 1억 엔을 받고 세계타이틀을 팔아넘겼다는 소문이 나돌기 시작했다. 유제두가 '약물 중독설'을 발설한 뒤 잠적해 버리자 유제두의 매니저 강석운 씨와 트레이너 김덕팔 씨, 그리고 당시 유제두 경기에 앞서 오픈게임을 했던 조민 선수가 영등포에 있는 한국권투위원회(KBC)에서 기자회견을 가졌다. 회견 내용은, 유제두가 경기 전에 먹은 음식은 당일 아침 과일 몇 조각, 그리고 이바라시에 있는 경성관에서 김덕팔·유제두·조민 세 사람이 꼬리곰탕을 먹었다. 그리고 경기 도중 유제두에게 먹인 물은 관례에 따라 일본프로권투위원회에서 준비를 한 것이었고, 수건은 유제두의 것이었다. 그리고 일본에서 1억 엔 수수설이 나왔을 때 부인을 하지 않은 이유는 너무 어이가 없어서라고 했다.

김덕팔 씨 등의 기자회견이 있은 후 며칠이 지난 3월 4일 유제두가 다시 반박기자 회견을 가졌다. 이후 유제두는 증거 없는 약물중독 설을 퍼트린 대가로 한국권투위원회와 많은 복싱인들로부터 '비겁한 복서'라는 비난을 받아야 했다. 이에 대해 유제두는 한국권투위원회에 '사실과 다르다'는 내용의 진술서를 제출함으로써 유제두 약물복용 사건은 일단락되는 듯했다. 그러나 유제두는 은퇴한 이후 2년여가 지난 1981년 김덕팔 트레이너를 약물중독과 관련 법원에 제소했다.

유 선수의 느닷없는 제소에 화가 난 김덕팔 씨는 유 선수를 명예훼손 혐의로 맞고소하기에 이르렀다. 오히려 유 선수가 궁지에 몰리게 된 것이다. 설사 약물중독이 되었다 하더라도 새로운 증거가 나오지 않는 한 불리할 수밖에 없었다. 결국, 그 사건은 유제두가 김덕팔 씨에 4백만 원의 위자료를 지급하고 일단락되었다. 이후 유제두 씨는 지난 2006년 기자회견을 열어 "당시 패배는 중앙정보부(현 국정원) 차원에서 조직적으로 이뤄진 것이다."라고 주장했다. 유제두 씨는 그 증거로 지난 1981년 중앙정보부에 근무하던 목포출신 후배가 "중정 요원이 경기 전에 먹은 딸기에 약을 넣었었다."고 알려줬다고 말했다. 그렇다면 당시 하나뿐인 프로복싱 세계타이틀을 왜 중정 차원에서 일본에 빼앗기도록 한 것일까? 그에 대해 유제두 씨는 당시 절대 권력자 박정희의 정적이었던 김대중과 자신이 친했는데, 만약 세계타이틀을 방어하면 김대중 씨를 찾을 것이 뻔해 중정이 과잉충성을 하느라고 그랬다는 것이다. 또한, 유제두 씨는 당시 코치였던 김덕팔 씨가 이 같은 중정의 불법 제의를 받아들인 것은 돈 때문이 아니라, 중정에 뭔가 꼬리를 잡힌 것이 있었기 때문이라고 주장했다.

유지현과 LG 트윈스

프로 스포츠는 돈이다. 프로 스포츠팀을 운영하는 구단은 돈으로 선수(코치 스태프 포함)를 사서 팀을 운영한다. 팀 측면에서 볼 때, 기량이 좋은 선수의 몸값을 싸게 해서 많이 데리고 있어야 좋은 성적이 나게 마련이다. 그래서 구단과 선수가 연봉협상을 할 때는 항상 날카롭게 대립하기 마련이다. 구단은 선수에게 줄 전체 연봉액수를 미리 정해 놓은 다음 연봉 협상에 임하기 때문에 재량권이 많지 않다. 그러나 선수 입장에서는 구단 사정과는 상관없이 될 수 있는 한 많이 받아야 하므로 협상에 임하는 자세가 비장하다.

1982년 프로야구 창립 이후 2011년까지 30시즌 동안 모두 96차례의 연봉조정신청이 있었다. 그 가운데 76번은 연봉조정위원회의 최종결정이 내려지기 전에 연봉협상이 타결되어 중도에 자동취소가 되었다. 그러나 처음 연봉조정위원회가 열린 1984년(해태 타이거즈 강만식, MBC 청룡

이원국 2명)부터 2011년 이대호(롯데)까지 모두 20차례의 연봉조정위원회 회의 결과 구단이 19차례 이겼고, 선수가 이긴 것은 2002년 LG 트윈스 유지현 선수 한 명뿐이다. 구단의 승률이 무려 95%(선수 5%)나 된다. 이는 메이저리그가 구단 대 선수의 승리 확률이 57 : 43으로 구단이나 선수가 승률이 5할에서 크게 벗어나지 않는 것을 생각하면 선수 입장에서는 너무나 불합리하다.

우리나라는 구단 편에 설 수밖에 없는 한국야구위원회(KBO)가 추천한 5명의 연봉조정위원회를 열기 때문에 선수가 이길 수 없는 구도다. 그러나 메이저리그는 사무국과 선수노조에서 모두 인정을 하는 3명의 변호사가 연봉조정위원회를 구성하기 때문에 제삼자 입장에서 객관적으로 공정하게 연봉조정을 할 수가 있다. 또한, 메이저리그는 우리나라 프로야구와는 달린 대리인제도를 인정하고 있어 변호사 등 전문적인 지식을 가진 대리인들이 구단과 협상을 하므로 논리에서도 밀리지 않는다. 그렇다면 유지현은 그같이 불리한 여건 속에서 어떻게 구단(LG 트윈스)을 이길 수 있었을까?

2001년 연봉 2억 원을 받았던 유지현은 2002년 연봉으로 2억 2,000만 원을 요구한 반면 LG 구단은 1,000만 원이 삭감된 1억 9,000만 원을 적어냈다. 유지현은 구단에 연봉인상을 요구한 것이 아니라, '인상 혹은 삭감' 둘 중의 하나를 선택하는 방법으로 조정위원회의 결정이 쉽도록 제시한 것이다.

유지현은 2000년 시즌 126경기에 출전해 139안타, 38타점, 7홈런, 도루 25개, 타율 2할 8푼 1리를 기록했다. 다음 해인 2001년 129경기에 출전해 127안타, 53타점, 9홈런, 도루 21개, 타율 2할 8푼 3리로 전년도와 비교해 비슷한 성적을 냈다. 구단은 2억 원을 받는 고액 연봉자임을 고려, 성적이 기대치에 미치지 못했다고 판단해 삭감액을 제시했고, 반면 유지현은 꾸준하게 자신의 역할을 했다는 이유로 인상을 요구한 것이다. 유지현은 당시 구단보다 더 꼼꼼하고 설득력 있는 자료를 준비했다. 유지현은 우리나라 프로야구 사상 가장 약게 선수생활을 한 선수로 남아있다. 오죽하면 별명이 '꾀돌이'였을까.

유지현은 투 스트라이크를 먼저 먹고도 기어이 볼넷으로 걸어 나가는 경우가 많았고, 컨디션이 좋지 않으면 볼을 몸에 맞아서라도 1루로 걸어 나가곤 했다. 또한, 발이 빠르기도 하지만 루상에서 상대팀 투수를 가장 괴롭힌 주자였다. 차라리 2루(또는 3루)로 도루를 시도하면 좋겠는데, 도루를 시도하는 척하면서 계속해서 투수를 헛갈리게 한다. 이러한 꾀돌이 근성이 자신의 밥줄인 연봉협상에서도 그대로 드러난 것이다. 자신의 현재 위치를 잘 파악해서 거의 완벽하게 자료를 준비하였다.

유지현은 2000년에는 139안타를 쳤지만, 2001년에는 12개나 적은 127개를 때리는 데 그쳤다. 그러나 3루타를 2000년에는 1개에 그쳤지만, 2001년에는 2개나 쳤고, 2루타 수도 2000년에는 24개밖에 못 쳤지만, 2001년에는 2개가 늘어난 26개를 때렸다. 홈런도 2000년에는 7개, 2001년에는 9개로 2개가 더 많았다. 결정적인 것은 타점이었다. 2000년에는 38타점밖에 기록하지 못했지만, 2001년에는 15타점이 더 늘어난 53타점을 올렸다. 테이블 세터(특히 유격수) 치고는 적지 않은 타점이다. 구단에서는 도루를 물고 늘어졌다. 유지현은 2000년에는 25개의 도루를 했지만, 2001년에는 4개나 줄어서 21개밖에 하지 못했다. 그러나 유지현은 도루 자가 9개에서 7개로 줄었기 때문에 팀 공헌도는 비슷하다고 주장했다. 그 밖에도 유지현에게는 비장의 무기가 많았다. 볼넷이 73개에서 96개로 무려 23개나 많았고, 희생 플라이도 18개에서 12개나 더 많은 30개를 기록했다. 그러나 결정적인 것은 출루율이었다. 테이블 세터가 출루율이 높다는 것은 팀의 공헌도에서 절대적이다. 유지현은 2000년에는 0.373의 출루율에 그쳤었지만, 2001년에는 무려 3푼 8리가 높아진 0.411의 높은 출루율을 보였다. 10번 타석에 들어서서 4번 이상 루상에 나가서 중심타선에 타점을 올릴 기회를 준 것이다. 당시 다른 7개 팀 테이블 세터 가운데 유지현보다 출루율이 높았던 선수는 거의 눈에 띄지 않았다.

결국, 조정위원회는 유지현이 삭감 이유가 없다는 쪽으로 결론을 내리게 됐다. 유지현은 당시 비교적 고액인 2억 원의 연봉을 받아서 더 이상 인상요인도 별로 없었지만 그렇다고 삭감할 요인은 더더욱 없었다.

프로야구선수협회(회장 송진우) 창립 시점에서 연봉조정위원회는 삭감 요인이 없는 유지현의 손을 들어줄 수밖에 없었다. 인상 폭(또는 삭감 금액)이 논점이 아니었기 때문에 유지현이 승리할 수 있었다. 만약 유지현도 연봉 인상액이나 삭감 액을 놓고 LG 트윈스 구단과 싸웠다면 이기기 어려웠을 것이다. 2001년 당시 LG 트윈스는 유지현 이외에 김재현·전승남·이병규 등도 연봉조정신청을 했다. 그러나 그들은 모두 구단에게 졌다.

왜 이만기 선수의 손을 들어 주었나?

지구를 지배했었던 공룡이 하루아침에 멸종했듯이 민속씨름의 인기가 언제 전성기가 있었느냐는 듯 바닥을 치고 있다. 그러나 분명히 민속씨름은 국내 최고 프로스포츠였다.

민속씨름 초창기인 1983년 장충체육관에서 벌어진 천하장사대회는 4월 14일 금강급 대회부터 17일 천하장사 대회까지 4일 동안 연일 평균 관중 6,750명으로 당시 출범 2년째를 맞은 프로야구의 5,995명을 능가할 정도로 많은 인기를 끌었다. 민속씨름이 실내경기라는 점을 고려하면 놀라운 일이 아닐 수 없다. 당시 민속씨름의 인기가 폭발적이었던 것은 프로야구, 프로축구 등 구기 종목의 프로 스포츠가 아직 정착되지 않은데다, 2m 05cm의 이봉걸, 1m 95cm의 이준희, 140kg가 넘는 홍현욱 등 백두급 트리오에 이만기, 고 최욱진 등 한라급 라이벌들이 군웅할거 했기 때문이었다. 그러나 민속씨름의 폭발적인 인기에 기름을 부은 것은 한 심판의 영리한 판단에서 시작되었다.

1983년 4월 17일 장충체육관에는 민속씨름 원년 천하장사를 탄생을 지켜보기 위해 8천여 명의 관중이 들어찼다. 초대 천하장사 후보로는 민속씨름이 생기기 전 국내 최고의 씨름 선수를 가리는 전국장사씨름 대회에서 4연패를 한 이준희와 4월초에 열린 대통령배 장사씨름 대회에서 라이벌 이준희를 물리치고 우승을 차지한 홍현욱의 라이벌 전으로 좁혀져 있었다. 천하장사 대회가 있기 전날인, 4월 16일 벌어진 백두급 장사 결정전에서는 이준희가 홍현욱에게 대통령배 대회 때의 패배를 설욕하며 패권을 차지했다.

이제 초대 천하장사 타이틀은 체중이 많이 떨어지는 금강급이나 한라급 선수가 차지하기에는 역부족이고, 오직 이준희냐 아니면, 홍현욱이 또다시 이준희를 역전하느냐로 모든 관심이 쏠렸다. 그러나 천하장사 8강전에서 홍현욱이 한 수 아래로 여겼던 장용철에게 패해 탈락했고, 장용철은 1m 72cm 최단신 씨름선수 한라장사 최욱진에게 패해 4강 진출에 실패했다. 그러나 이준희도 준결승전에서 무명 이만기에게 뜻밖의 패배를 당했다. 당시 이만기는 자신의 최고 성적이 대통령배 대회 3위에 그쳤는데, 대어 이준희를 접전 끝에 2 : 1로 잡은 것이다.
　이제 천하장사 패권은 한라급 2년 선후배인 최욱진과 이만기 사이에서 가려지게 되었다. 그러나 이틀 전, 한라급 결승전에서 선배 최욱진이 후배 이만기를 3 : 2로 누르고 초대 한라장사에 올랐기 때문에 리턴매치도 최욱진이 유리한 것으로 보였다. 그러나 이만기는 최욱진에게 패한 후 분하고 억울해서 숙소로 돌아가서도 잠을 이루지 못했다. 체구가 이만기보다 작았던 최욱진이 마구 파고드는 바람에 가슴이 퍼렇게 멍까지 들었다. 최욱진은 키 1m 72 cm의 단신을 이용한 뒤집기 기술이 달인의 경지에 다다랐다. 최욱진은 상대선수의 밑에 깔릴 듯하다가도 강력한 허릿심으로 넘겨버리는 기술에 거한 이봉걸과 당대 최고의 선수 이준희도 번번이 당했다.
　이만기는 원래 백두급 거한들이 즐비한 천하장사대회에 출전하면서 '8강 안에 들면 성공'이라고 생각을 했었다. 그러나 8강을 지나 4강 그리고 결승전까지 오르자 욕심이 생겼는데, 결승전 상대가 어제 자신에게 패배를 안겨 주었던 최욱진 선배로 결정되자 마음을 비웠다. 그러나 마음을 비우면 전력이 약간 뒤져도 이길 기회가 찾아

올 수도 있는 것이 스포츠의 세계다. 오히려 한라급 결승전에서 이만기를 이긴 최욱진이 더 부담이 있었다. 반면 마음의 부담이 적었던 이만기의 기선제압이 잇따라 성공하고, 신예 이만기가 앞무릎치기로 기선제압에 나서자 최욱진이 바로 반격을 했다. 둘 다 기술씨름에 능통했기 때문에 상대에 허점을 보이면 그것은 곧 패배였다. 팽팽한 신경전 끝에 다시 이만기가 앞무릎치기로 앞서나갔고, 결국 서로의 기술이 거의 다 노출된 네 번째 판은 장기전 끝에 최욱진이 가져가 2:2가 되어 마지막 한판으로 역사적인 초대 천하장사가 결정되기에 이르렀다. 이미 결승 진출 목표를 달성했던 이만기로서는 심적 부담이 상대적으로 적었지만, 최욱진은 한 판만 잡으면 생애 첫 천하장사 타이틀을 차지할 호기였다. 이때 이만기는 평소 연습도 해보지 않던 호미걸이를 승부수로 던졌고, 뜻밖의 기술에 걸린 최욱진은 넘어지면서도 이만기에게 되치기를 걸어 두 선수가 거의 동시에 모래판에 닿았다. 최욱진과 이만기가 심판들의 최종 판단을 기다리며 모래판에 무릎을 꿇고 있었고, 심판 3명이 합의를 하고 있었다.

A 심판, "동시에 넘어진 것은 맞지만, 만기가 먼저 기

술을 걸었기 때문에 만기가 이긴 것 같은데."

B 심판, "아냐 최욱진이 넘어지면서 옆으로 틀었기 때문에 만기의 몸이 먼저 모래판에 닿은 것 같은데."

C 심판, "뭐야 그러면 내가 판단을 내려야 하는 거야."

잠시 침묵이 흘렀고, 장충체육관을 꽉 메운 8천여 관중들은 심판들의 합의판정 결과를 기다리며 침묵을 지키고 있었다. 그러자 C 심판이 결심한 듯 A, B 두 심판을 바라보며 말했다.

"어차피 누구 한 사람 손을 들어줘야 한다면, 민속씨름의 앞날을 위해서 더 젊고 잘생긴 만기가 되어야 한다고 생각해, 씨름선수들은 우락부락하다고 생각하고 있는 팬들도 의식해야 하니까." 그러자 두 심판도 고개를 끄덕였다. 심판들이 이만기의 손을 들어주자, 자신이 이겼다고 생각하고 있던 최욱진이 펄쩍 뛰면서 항의를 했다. 그러나 3명의 심판이 합의한 결과는 뒤집어지지 않았다. 그야말로 철저하게 무명이었던 이만기의 스타 탄생이었다. 한라급 출신으로 키 1m 82cm에 100kg 이만기는 이후 자신보다 10여 센티나 더 크고, 30~40kg이나 더 나가는 백두급 선수들을 이기기 위해서 엄청난 훈련을 했다. 그래서 힘에서도 밀리지 않고, 손기술·발기술 등 모든 기술을 구사해 '만기의 만기'라는 소리를 듣기에 이르렀다. 만약 첫 번째 천하장사 대회에서 이만기가 최욱진에게 패했다면, 이만기 개인적으로도 성장이 느렸겠지만, 민속씨름도 발전 또한 늦어졌을 것이다. 이만기는 비록 행운이 따르기는 했지만, 얼떨결에 따낸 천하장사 자리를 지키기 위해 엄청난 훈련을 했다. 그러나 초대 천하장사 결정전에서 패한 최욱진은 이만기와 반대의 길을 걸었다. 최욱진은 초대 천하장사 대회 이후 전주에서 열린 한라장사 결승전에서 또다시 이만기를 만나 첫 판을 먼저 따낸 후 일어서다 오른쪽 무릎의 극심한 통증에 그대로 주저앉고 말았다. 최욱진은 연골이 파열되었는지도 모른 채 3년 동안 통증을 참아내며 경기 출전을 감행했다. 최욱진은 결국 86년 양 무릎 수술을 했지만, 후유증으로 제대로 훈련을 할 수가 없어 쓸쓸히 은퇴했다.

그러나 이만기는 그 후 탄력을 받아 천하장사만 10번, 자신의 원래 체급이었던 한라장사 7번, 한 체급을 올려 전성기를 누리게 했던 백두장사를 19번이나 차지했다. 11차례의 번외경기까지 합치면 공식대회에서만 47차례 우승을 했으니 가히 민속씨름의 전설이 되었다.

임창용의 재기

　임창용 투수의 일본에서의 재기는 불가사의(不可思議)한 일이 아닐 수 없다. 임창용은 일본 프로야구에서 2010 시즌 1승 2패 35세이브(방어율 1.46)를 기록(3년간 96세이브)하며 2011~2013년까지 3년 동안 총액 15억 엔(206억)의 대박을 터트렸다. 일본에서 평균 5억 엔(약 68억)의 연봉은 일본 정상급 마무리 투수였던 후지카와 규지(전 한신 타이거즈 4억 엔)보다 더 나은 대우를 받은 것이다. 한국에서 퇴물 취급 받으며 쫓겨나다시피 일본으로 간 지 불과 2년 만에 일본 프로야구를 평정한 것이다. 임창용 선수는 95년 해태 타이거즈에 입단, 첫 해를 승패 없이 2패(방어율 5.85)만 기록하며 그저 그런 신인 투수였다. 그다지 많지 않은 언더핸드 투수이고, 빠른 볼을 던지고 있지만, 제구력이 불안하고, 투구 운영이 너무 단조롭다는 평가를 받고 있었다. 임창용은 이듬해인 1996년에 7승 7패(3.22)로 가능성을 보이더니, 1997년부터 꽃을 피우기 시작했다.

1997년 성적은 14승 8패 26세이브(2.33)로 초특급 투수 반열에 올라섰다. 승수, 세이브수, 방어율 3부문 모두 프로야구 최고 투수로 활약을 한 것이다. 1998년에는 1점대 방어율(1.89)을 기록하며 8승 7패 34세이브를 기록, 전설적인 투수 선동열급 활약을 했다. 1999년 해태에서 삼성 라이온즈로 트레이드 되어온 첫해 선발과 마무리를 오가면서 13승 4패 38세이브(2.14)를 기록, 삼성의 에이스로 우뚝 섰다. 2000년에 또다시 1점대 방어율(1.52)을 재현하면서 5승 4패 30세이브를 기록했다. 2001년 14승, 2002년 17승을 올리며 삼성 라이온즈의 한국 시리즈 첫 우승에 크게 기여했다. 2002년 시즌 직후에 열린 2002 부산 아시안게임에서 금메달을 획득해 병역문제도 해결했으며, 2003년 13승을 올린 후 선동열이 수석 코치 겸 투수 코치로 영입된 후 다시 마무리로 전향했다. 마무리로 복귀한 후 첫해인 2004년 2승 4패 36세이브(2.01)를 기록한 후 자유계약(FA) 자격을 얻어 구단에 이승엽급의 연봉(100억원)을 요구했다가 미운털이 박혔다. 당시 임창용은 이승엽이 56개의 홈런(아시아 신기록)을 치면서 타자로서 최고의 플레이를 했다면, 자신은 마운드에서 에이스급 활약을 했기 때문에 구단이 자유계약 선수로 풀린 이승엽을

붙잡기 위해 제시했던 만큼의 연봉을 요구했다. 그러나 삼성의 반응이 너무 싸늘했다. 웬 100억 원? 이승엽과 임창용은 차원이 다른 선수로 취급한 것이다. 성적도 대구 출신의 이승엽이 더 뛰어나지만, 이승엽은 프렌차이즈 플레이어로 한국을 대표하는 타자이고, 임창용은 광주 출신의 선수로 언제 팀을 떠날지도 모르는 그저 삼성 라이온즈의 에이스일 뿐이라는 것이다. 또한 임창용이 김응룡 감독과도 감정이 좋지 않았던 것도 작용했다. 임창용은 해태 타이거즈 시절에 김응룡 감독과의 관계가 나쁘지 않았다. 그래서 해태에서 삼성으로 오는 과정에서도 김 감독의 입김이 작용했다. 하지만 2002년 대구에서 열린 한화 이글스와의 경기에서 8회에 강판당한 후 분한 감정을 이기지 못하고 글러브를 내팽개치며 김 감독실 문을 발로 걷어찼던 사건 이후부터 두 사람의 관계가 소원해졌다.

임창용은 2005년 초부터 팔꿈치 통증을 참아가면서 마운드에 올라 5승 8패(6.50)를 기록했지만, 팔꿈치 수술을 받으면서 급격히 내리막길에 접어들었다. 팀에서 필요로 할 땐 팔에 통증을 느껴도 핑계 대지 않고 등판했다. 그러다 선동열 감독이 임창용을 엔트리에서 제외시키면서 수술을 결심하게 되었다. 그때도 임창용은 일본 프로야구 진출을 노렸다. 일본 프로야구 소프트뱅크 호크스와 3년간 6억 엔을 받기로 거의 합의 하기에 이르렀으나, 어찌 된 일인지 더는 진척이 되지 않고 지지부진하다가 취소가 되고 말았다. 일본에서도 임창용이 팔꿈치 수술 받은 것을 알고는 영입을 포기한 것으로 보인다. 그 당시 삼성 라이온즈팀 분위기는 임창용에게 배타적이었으며, 김재하 단장은 설사 임창용이 일본 진출에 실패하더라도 팀에 재영입은 하지 않을 생각이었다. 임창용은 기량을 떠나서 사생활에 문제가 있는 선수였다. 초일류 기업 삼성 그룹은 다른 것은 몰라도 도덕적으로 문제가 있는 선수는 곤란하다면서, 2004년에 있었던 '임창용 간통사건'을 들고 나왔다. 임창용은 여러 여성과 관련된 간통 사건에 휘말렸다가 2004년 5월 9일 부인 이현아 씨와 이혼에 합의했고, 간통혐의에 대한 고소장도 취하하는 데 합의하여 프로야구계를 떠들썩하게 했다. 이후 삼성 측에서는 사생활 물의와 팀의 이미지 실추를 이유로 임창용에게 벌금 380만 원을 물렸다. 이렇게 우여곡절 끝에 임창용은 다시 삼성 라이온즈 유니폼을 입었다. 2년간 18억 원 (계약금 8억 원, 연봉 5억 원)으로 당시 프로야구 랭킹 3위에 해당하는 고액이었다. 그러나 임창용은 일본행을 결심할 당시 통장 잔고가 거의 제로에 가까웠었다. 10년 이상 프로야구선수 생활을 하면서 수십억 원을 벌었지만, 그동안 씀씀이도 헤펐을 뿐만 아니라, 광주에 있는 가족에게 아낌없이 지원을 해줬다. 그리고 대구에 남아있는 아파트를 팔아서 삼성에 위약금 2억 원을 내니까 그야말로 원점으로 돌아온 것이다. 이제 임창용은 일본에서 성공하지 않으면, 국내 프로야구계에서는 설 자리가 없게 되었다. 과거 사생활로 인한 이미지도 좋지 않은 데다 마운드에서 공마저 제대로 던지지 못하는 선수를, 원소속팀 삼성뿐만 아니라 다른 7개 팀에서도 받아줄 리가 없으므로 은퇴밖에는 길이 없게 된 것이다. 그야말로 배수의 진을 치고 일본으로 건너갔다. 2년 계약, 연봉 1,500만 엔의 헐값이었다. 프로야구를 시작한 이후 가장 혹독한 동계훈련을 거쳤다. 훈련 양이 많지는 않았지만 단 1시간을 하더라도 집중력 높게, 공을 한 개 던지더라도 혼을 실어서 던졌다. 과거 전성기 때처럼 150km를 넘나드는 강속구를 되찾을 수는 없지만, 공 끝에 힘이 실리고 10년 이상 갈고 닦은 노하우까지 더해져 위력적인 공이 나왔다. 특유의 뱀 직구도 더욱 꿈틀거리며 미트를 파고들었다. 임창용은 마운드에만 올라서면 난공불락의 철벽이 되었다. 상대 팀에게 좀처럼 점수를 내주지 않았고, 상대 타자들이 안타를 뽑기도 어려웠다. 그래서 '미스터 제로'라는 별명을 얻기도 했다. 만약 야쿠르트 스왈로스팀이 요미우리 자이언츠 같은 강타선을 갖춘 팀이었다면, 50세이브도 가능했을 것이다. 임창용은 선동열·이종범·조성민·정민태·정민철 등 그동안 일본에 진출했던 어느 선수보다 '성공의 길'을 걸었다. 2013년 시즌에는 시카고 컵스팀에서 활약하며 메이저리그에서 꿈도 이뤘다.

임춘애 파동

1986년 서울 아시안게임은 한국에서 열린 최초의 종합 스포츠행사라 더욱 의의가 크다.

한국은 16년 전인 1970년 서울 아시안게임을 유치해 놓고도, 예산 부족으로 벌금까지 물면서 반납, 결국 방콕이 1966년 아시안게임에 이어 1970년 아시안게임까지 잇따라 열기도 했다. 아무튼, 86 서울 아시안게임은 88 서울 올림픽을 앞두고 예비대회 성격으로도 비상한 관심을 끈 가운데, 한국은 무려 93개의 금메달을 획득해 중국에 이어 종합 2위를 차지하는 쾌거를 이뤘다. 엄청난 관심을 끈 대회였기에 반드시 스타가 탄생하기 마련인데, 86 서울 아시안게임의 스타는 4관왕을 차지한 양궁의 양창훈도, 82년 뉴델리 아시안게임에 이어 남자 육상 200m를 2연패 한 장재근도 아니고, 수영 배영 2관왕을 차지한 최윤희도 아닌, 여자 육상 중거리 3관왕 임춘애이다.

양창훈의 4관왕과 장재근의 2연패 등은 기록이 워낙

좋아서 이미 금메달이 예고되었기에 기쁨이 덜했었다. 그러나 임춘애의 3관왕은 전혀 기대하지 않았기에 충격이었다고 할 수 있다. 임춘애는 서울 아시안게임 전까지 아시아정상권인 중국·인도·일본 선수 등에 비해 기록이 많이 떨어졌기 때문에 메달을 기대하지 않았고, 이변이 일어나면 자신의 주 종목인 3,000m 정도에서 동메달 정도를 기대했다. 그런데 800m에서 금메달을 차지한 인도의 쿠리신칼 선수의 코스이탈 반칙으로 은메달이 금메달로 둔갑하더니 1,500m와 3,000m에서 모두 금메달을 차지해 3관왕에 오른 것이다. 3관왕에 오르기까지 많은 극적인 요소가 있다. '라면만 먹고 훈련했다', '우유가 마시고 싶었다', '위가 좋지 않은데 참고 뛰었다.' 임춘애가 3관왕에 오르기까지 당시 언론에 소개된 임춘애의 금메달을 전한 각 신문기사 헤드라인이다. 나중에 대부분 과장된 얘기로 밝혀졌지만, 임춘애의 화려한 등장은 그만큼 극적이었다. 임춘애는 얼굴에 비해 눈이 커서 '왕눈이', 며칠은 굶은 것 같은 가냘픈 몸매로 '사슴소녀' 등으로 불렸다. 그런 임춘애가 세상의 모든 고통을 혼자 지고 있는 사람처럼 얼굴을 잔뜩 찡그리며 결승 테이프를 끊는 사진과 언급했던 '약간은 과장된' 기사가 곁들여지니 관심을 끌지 않을 수 없었을 것이다.

임춘애는 자신의 첫 경기인 800m에서 인도의 쿠리신칼 보다 2초나 늦게 골인했으나, 쿠리신칼이 코스 이탈로 실격돼 행운의 금메달을 목에 걸었다. 이어서 주 종목인 1,500m에서 2위로 달리다가 결승선을 약 100m가량 남기고 믿기지 않는 막판 스퍼트로 대역전 우승을 일궈내며 실력을 입증했다. 이어 다음날 3,000m마저 우승한 뒤 맨발로 트랙을 돌아 국민들에게 다시 한 번 진한 감동을 줬다. 그런데 86 서울 아시안게임이 끝난 지 보름도 지나지 않은 86년 10월 17일 모 스포츠전문지에 실린 '임춘애 과학적 훈련의 승리'라는 기사는 임춘애의 감동스토리를 기억하고 있는 사람들에게 또 한 번 임춘애의 신화를 일깨워 주었다.

당시 한양대 공응대 교수가 기고한 이 글은 "임춘애가 86 서울 아시안게임에서 3관왕에 오른 것은 임춘애의 선천적인 신체조건에 과학적인 훈련방법과 상대선수들의 경기력을 세밀하게 파악하고 그에 따른 작전계획을 세운 것이 결정적인 원인이었다."는 내용이었다. 기고문에는 "임춘애의 훈련은 3주일을 한 주기로 오전과 오후로 나눠서 실시했는데, 스피드훈련을 중심으로 한 장거리를 뛰는 지구력 훈련을 운동회복의 주목표로 삼았다. 훈련은 주로 흙·잔디·트랙에서 실시했고, 체력과 스테미너 강화 훈련을 시켜서 지구력이 강화되도록 했다. 또한, 스피드 능력에 따라 과학적 훈련계획을 작성하여 실시했는데, 임춘애의 각 거리 최고기록을 살펴보면, 50m는 6초 67, 100m는 12초 49, 150m는 18초 F, 200m는 26초 F, 300m는 40초 F, 400m 55초 9, 500m는 1분 17초 그리고 600m 1분 28초 등으로 나타나 빨리 달릴 수 있는 능력을 진단하고, 거기에 맞는 훈련을 처방해 주었다."고 되어 있었다. 공 교수는 친절하게도 훈련 처방까지 자세하게 설명을 했다. 예를 들면 "50초로 300m를 뛰고, 이어서 50초로 100m를 조깅한 후, 150m를 전력 질주하고, 150m를 조깅하는 것을 한 세트로 10회 실시 하고, 100m를 17초로 뛰는 것을 30회 실시, 이후 조깅을 하고 다음 거리로……." 등. 공 교수는 이와 같은 훈련방법을 당시 임춘애의 전담코치였던 김번일, 김원협 대한육상경기 연맹 임원 그리고 임춘애 등과 수시로 토의를 해가며 실시해 왔다는 것이다. 또한, 육상은 그저 달리는 데 그치는 게 아니라 현장에서의 작전도 매우 중요해 800m, 1,500m 그리고 3,000m에서 금메달을 딴 것은 라이벌 선수들의 정보를 미리 분석하고, 현장에서 작전지시를 내렸고, 임춘애가 이를 충실히 따라줬기 때문에 좋은 성적을 올릴 수 있었다고 주장했다. 그런데 김번일 코치 등은 86 서울 아시안게임 직전까지 공 교수와 단 한 번도 토의를 한 적이 없다며 펄쩍 뛰었다. 임춘애 선수도 공 교수를 잘 알지도 못한다고 말했다. 그런데 어떻게 공 교수가 언론에 그런 터무니없는 얘기를 한 것일까? 86 서울 아시안게임을 앞두고 공 교수는 김번일 코치를 한 번 만난 적이 있었다. 당시 상황을 재구성해 보면,

공 교수: 김 코치 수고 많습니다. 요즘 훈련 잘되어갑니까?
김번일: 네, 덕분에……
공 교수: 요즘 임춘애 선수 컨디션은 어떤지요?
김번일: 네, 스케줄대로 잘하고 있습니다.
공 교수: 어떤 스케줄인데요?
김번일: (스케줄 표를 보여주며) 이겁니다.
공 교수: 아하! 이거 제가 참고로 봐도 되겠습니까?
김번일: 네, 복사해서 드릴게요.

그런데 임춘애 뿐만 아니라 남자 육상 5,000m에서 일본의 신다쿠 마사나리 선수를 제치고 깜짝 금메달을 차지한 김종윤 선수도 임춘애 선수와 똑같은 일을 당했다.

공 교수가 언론을 통해 김종윤이 신다쿠 마사나리를 제치고 금메달을 딴 것이 자신이 작성한 과학적인 훈련방법을 한승철 코치와 김종윤 선수가 잘 따라 줬기 때문이라는 말을 한 것이다.

이에 대해서 한승철 코치와 김종윤 선수는 86년 10월 24일 대한육상경기연맹에 진상조사를 해 줄 것을 서면으로 공식요청하기에 이르렀다. 한승철 코치 역시 김번일 코치와 마찬가지로 "공 교수와는 김종윤 선수의 훈련 스케줄에 대해서 단 한 번도 상의한 적이 없는데, 공 교수님이 어떻게 자신들의 훈련 스케줄을 짜 주었다고 말을 할 수 있느냐"며 어이없어 했다.

그렇다면 어떻게 이런 해프닝이 생긴 것일까?

당시 공 교수는 한양대학교 교수와 대한육상경기연맹 이사로 있으면서 한국 육상계의 브레인 역할을 하고 있었다. 공 교수가 작성한 원안에는 임춘애의 3관왕이나 김종윤의 금메달은 김번일 코치와 한승철 코치의 세밀한 훈련 계획과 임춘애·김종윤 두 선수의 피나는 노력 때문이었다고 썼다고 한다. 그런데 그 원안을 공 교수의 제자인 체육과 학생이 신문사에 전해주는 과정에서 잘못된 것이라고 한다. 그렇다면 체육과 학생이 원안의 어떤 말을 고치거나 가필했기에 전혀 다른 내용의 기사로 바뀐 것일까? 이후 공 교수는 대한육상경기연맹 이사에서 물러났다.

정봉순, 남자인 줄 몰랐나?

19**79년 5월**(31일~6월 3일) 일본 도쿄에서 벌어진 제3회 아시아육상선수권대회에서 한국은 정봉순 선수가 여자 400m와 800m에서 2개의 금메달을 획득하여 체면치레를 했다. 그러나 지금 제3회 아시아 육상선수권대회 기록을 보면, 한국의 금메달 2개는 지워져 있다. 아시아육상경기연맹이 금메달을 딴 정봉순이 여자가 아니라 남자로 판명되어 금메달 2개 기록을 삭제했기 때문이다.

어떻게 이런 일이 생겼을까?

1979년 당시 정봉순은 광주여상 3학년이었지만, 여자라기에는 너무 거칠게 생겨 겉모습은 오히려 남자 쪽에 가까웠다. 정봉순은 얼굴 양쪽 광대뼈가 툭 불거진 데다 피부색도 거무튀튀했다. 가슴도 지나치게 빈약해 보였고, 엉덩이는 남자처럼 위로 올라붙었다. 1m 75cm 65kg의 체격 조건이지만, 상체보다 다리의 길이가 웬만한 남자보다 길었고, 목이 남자처럼 굵고 남성의 상징인 울대

뼈도 보였다. 그리고 달리는 모습도 남자처럼 보폭이 넓었고 매우 힘이 넘쳤다. 특히 라스트 스퍼트가 일품이라 5~6m쯤 떨어져 있다가도 막판 스퍼트에서 거뜬하게 앞서 가는 선수를 따라 잡았다. 그런데 더욱 아리송한 것은 목소리 즉, 음색이었다. 어찌 들으면 남자가 애써 여자 목소리를 내려는 것 같았고, 어찌 보면 본래 여성인데 자라온 환경 때문에 남성화된 목소리 같기도 했다.

정봉순은 제3회 아시아육상선수권대회를 한 달 반 앞두고 있었던 한국대표 선발전(1979년 4월 14~15일)에서 이상한 행동을 했다. 14일 벌어진 여자 400m 예선에서 55초 7의 한국 타이기록 1위를 차지했다. 그런데 정봉순은 골라인을 20미터쯤 앞두고 스피드를 뚝 떨어뜨리는 것이었다. 마치 2008 베이징 올림픽 남자 육상 100m 결승전 후반에 자메이카의 우사인 볼트가 스피드를 떨어뜨린 것과 비슷했다. 우사인 볼트는 자신이 금메달이라는 것을 확신하고 페이스를 떨어뜨렸지만, 정봉순이 페이스를 떨어뜨리는 것을 보고 육상 관계자들이 한마디씩 했다.

"봉순이가 페이스를 떨어뜨리지 않았다면 한국 신기록을 경신하는 것은 물론 54초대도 가능했어."

"굉장한 선수야, 아시아선수권대회까지 염두에 두고 레

이스를 한 것 같아. 다른 나라 선수들에게 전력을 숨기려는 것 같았어."

당시 육상 국가대표 원종세 코치(건국대 코치)는 "유연성이 너무 없다. 달리는 폼을 좀 더 부드럽게 하고, 페이스 조절만 잘하면 지금보다 2초 이상 단축도 가능하다."고 분석했다. 특히 정봉순의 몸이 뻣뻣하다는 분석은 결과적으로 너무나 정확했다.

정봉순은 다음날 열린 여자 800m에서는 전력질주를 한 끝에 2분 08초 4를 기록, 종전 한국 신기록 2분 10초 09를 무려 2초 5나 단축했다. 거리상으로 약 18m 정도를 앞당긴 엄청난 기록이었다. 그런데 정봉순은 한국 신기록을 세우고도 골라인을 통과한 다른 선수들이 픽픽 쓰러지는 것과는 달리 여유 있는 모습으로 정리운동을 하는 것이었다.

도쿄에서 열린 제3회 아시아육상 선수권대회는 결과적으로 개최국 일본과 한국의 정봉순을 위한 대회였다. 일본은 무려 28개의 금메달을 차지해 종합 우승을 차지했고, 중공이 금메달 7개로 2위, 필드에서 두각을 나타낸 이라크가 금메달 3개로 3위 그리고 한국은 정봉순의 금메달 2개로 4위에 올랐다. 정봉순은 제3회 아시아육상선수권대회에서 남북한이 유일하게 맞붙은 여자 800m에서 금메달을 차지했다. 여자 800m는 1978년 방콕 아시안게임 여자 800m를 석권한 인도의 게타 주치가 가장 강력한 금메달 후보였고, 북한의 장영애가 게타 주치를 위협할 만한 유일한 선수로 예상되었다. 레이스가 시작되자 예상대로 게타 주치가 선두로 나섰고 정봉순이 그 뒤를 바짝 따랐다. 그러나 게타 주치가 주로 반칙(800m는 120m 지점까지는 자기 코스를 지켜야 한다)을 범했다. 정봉순은 2분 06초 01의 기록으로 금메달을 차지했고, 2위로 들어온 북한의 장영애는 정봉순보다 무려 4초 이상 뒤진 2분 10초 02로 은메달에 그쳤다. 정봉순은 자신이 기록한 2분 08초 04의 한국 신기록을 한 달반 만에 무려 2초 03이나 단축한 것이다. 정봉순을 제외하고는 제2회 아시아육상선수권대회에 출전하고 있는 한국의 다른 선수들은 부진을 면치 못하고 있었다.

여자 100m의 모명희는 12초 01로 동메달, 남자높이뛰기 김용기는 2m 10cm를 넘어 4위, 여자멀리뛰기 이정연은 5m 73cm를 뛰어 5위, 남자 200m의 서말구는 21초 49로 5위에 머물렀다.

대회 마지막 날까지 한국은 정봉순이 800m에서 따낸

금메달로 6, 7위권을 맴돌고 있었다. 대회 최종일, 여자 200m에 출전한 모명희가 24초 49로 은메달을 땄고, 남자 100m 서말구는 10초 75의 기록으로 태국의 수차르트(10초 63)에 이어 은메달을 땄다. 그밖에 백옥자(여자 투포환 4위), 박원근(남자 10,000m 6위) 등 거의 모든 선수가 메달권 밖으로 처졌다. 그러나 북한선수 김옥선이 여자 1,500m에 이어 3,000m에서도 9분 24초 09로 금메달을 획득해 2관왕에 오르면서 종합순위에서 한국을 앞질렀다. 이제 한국은 정봉순이 남아있는 여자 400m에서 금메달을 따야만 북한에 앞서 종합순위 경쟁에서 이길 수 있었다. 당시만 해도 남북한이 첨예하게 대립하고 있던 냉전 시대라 스포츠의 각 분야에서 치열한 경쟁을 벌였다.

여자 400m는 중거리가 강한 인도의 리타 센이 가장 강력한 우승후보였다. 리타 센의 최고기록은 53초대로 정봉순이 가진 한국 신기록 55초대보다 무려 2초 이상 앞섰다. 출발은 리타 센이 앞섰다. 정봉순은 리타 센의 뒤를 바짝 붙어 달렸다. 중간 지점인 200m를 통과할 때까지도 리타 센이 정봉순을 약 2m가량 앞섰다. 300m 지점을 통과 홈 스트레이치에 접어들었을 때까지도 리타 센이 정봉순을 1m 정도 앞에 달리고 있었다. 그런데 380m

지점, 그러니까 골라인을 20m 정도 남겨 놓고 놀라운 일이 벌어졌다. 정봉순이 어디서 힘이 났는지 무섭게 스피드를 내면서 리타 센을 앞서기 시작하더니 54초 53의 한국 신기록으로 금메달을 차지했다. 눈앞에서 금메달을 놓친 리타 센은 믿기 어렵다는 듯이 고개를 갸우뚱하면서 라커룸으로 사라졌다.

정봉순은 제3회 아시아육상선수권대회를 끝으로 한국 육상계에서 사라졌다. 정봉순은 이후 성 정체성 논란을 빚은 후 2년 후인 1981년에 완전한 남자로 전환했다. 아시아육상경기연맹은 정봉순이 아시아선수권대회에서 따낸 금메달 2개를 취소시켰다. 이후 정봉순은 나주에서 김홍미 씨와 결혼해 슬하에 1남 1녀를 낳았다.

그렇다면 태릉선수촌에서 정봉순과 함께 훈련했던 선수와 임원들은 정봉순에 대해서 어떤 생각을 하고 있었을까? 당시 정봉순을 지도했던 원종세 코치는 "여성도 그렇다고 남성도 아니었다. 다만 여자라기에는 너무 억센 편이었다."며 "하루는 기록이 좋아서 업어 준 적이 있는데 마치 남자를 업은 것처럼 뻣뻣했다. 그래서 시골 출신이라 억센가라고 생각했었다."며 회고했다. 동료 선수였던 장재근 씨는 "함께 훈련하면서 남자 같다는 생각을 하기는 했지만, 설마 남자라고는 상상도 못했다."고 말했다. 정봉순은 전라남도 나주군 세기면 송제리 화동부락에서 정동일 씨와 한근백 씨의 3남 4녀 가운데 둘째 딸(?)로 태어났다. 어릴 때부터 운동신경이 발달해 육상을 하기 전에는 광주여상에서 배구선수로 활약하기도 했다. 광주여상에서 배구를 할 때는 동료 선수들과 함께 샤워하는 것을 극히 꺼렸다고 한다. 팀 동료 선수들은 몸에 큰 상처가 있어서 보여주기 싫어서 그러는 모양이라고 여겨 별로 심각하게 생각하지 않았다고 한다.

추신수, 조성옥 감독의 혼魂이 도와?

스포츠 과학자들은 스포츠에서 가장 어려운 기술이 안타를 때리는 것이라고 말한다.

둥근 배트로 둥근 공을 때려 8명의 수비수가 버티고 있는 사이를 뚫어야 안타가 나오기 때문이다. 하물며 홈런은 실력과 운이 한꺼번에 따라 줘야 하는 그야말로 천운(天運)이 있어야 때릴 수 있다.

그런데 메이저리그에서 정상급 타자로 활약하고 있는 추신수는 정말 꼭 필요한 상황에 극적인 홈런 4방을 날렸다. 추신수는 미국에서 마이너리그와 메이저리그 생활을 모두 경험했다. 추신수는 2006년, 시애틀 매리너스팀에서 클리블랜드 인디언스팀으로 이적했는데, 당시 시애틀 매리어스팀 우익수는 일본의 스즈키 이치로 선수였다. 이치로는 뛰어난 타격센스와 빠른 발로 10년 연속 200안타를 때리는 메이저리그에서도 전설을 쓰는 안타제조기였다. 따라서 추신수가 밀릴 수밖에 없었다.

당시 추신수는 클리블랜드에서 마이너리그가 아닌 메이저리그로 바로 오라는 이적 제안을 받고 기쁜 마음으로 이적했다. 클리블랜드로 이적 후 추신수 선수는 첫 경기에서 8번 타자로 선발 라인업에 뽑혔다. 그런데 정말 우연히도(메이저리그에는 클리블랜드팀 외에도 29개 팀이 있기 때문에 확률상 29분의 1) 전 소속팀 시애틀을 만났고 선발투수가 시애틀의 에이스 펠릭스 에르난데스였다. 펠릭스 에르난데스는 2010년 아메리칸리그 사이영상을 받은 바 있는 메이저리그 정상급 투수다. 추신수 선수는 자신을 버린 시애틀 매리너스와의 경기 세 번의 타석에 모든 것을 걸겠다는 각오로 경기장에 올랐다. 그때는 시애틀 매리너스팀과의 첫 경기에서 안타만 때릴 수 있다면 이후 메이저리그에서 단 한 개의 안타를 때리지 못해도 좋다는 심정으로 타석에 들어섰다. 그동안 자신에게 기회를 주지 않았던 전 소속팀 시애틀에 진짜 실력을 보여주고 싶었던 것이다. 추신수 선수는 첫 타석과 두 번째 타석 모두 포볼로 나갔다. 그리고 세 번째 타석에서 쓰리볼 이후 감독의 스윙 사인에 공을 쳤는데, 그게 솔로홈런이었다. 그 경기는 결국 1:0으로 끝났다. 추신수 선수는 이적 후 첫 경기에서 전 소속팀을 상대로 결정타를 날리며 화려하게 신고식을 치른 셈이다. 그 경기를 본 시애틀팀의 마이너리그 동료 선수들은 추신수의 홈런을 보고 환호성을 질렀다가 근처에 있던 시애틀팀의 단장에게 그 모습이 목격되어 곤욕을 치렀다고 한다. 추신수는 그 경기가 끝난 후 "홈런을 때린 후 부모나 아내보다 조성옥 감독이 가장 먼저 생각이 났다."고 말했다.

2009년 7월 4일 클리블랜드 인디언스 프로그래시브필드 구장에서 경기를 앞두고 막 훈련을 끝낸 추신수는 부인 하은미 씨와 통화를 하다가 다른 전화가 오자 서둘러 통화를 마쳤다. 전화를 걸어온 사람은 평생 아버지처럼 따르던 조성옥 감독의 아들 조찬희였다. 조찬희는 그저 흐느끼기만 했다. 조감독이 간경화로 조금 전 사망했다는 청천병력(靑天霹靂)같은 소식이었다. 그야말로 하늘이 무너져 내리는 것 같았다. 추신수는 곧 있을 오클랜드 애슬레틱스와의 경기를 포기하고 스승의 주검이 있는 부산으로 날아가고 싶었다. 그러나 자신의 성공을 위해 모든 것을 바쳤던, 자신이 죽어가면서도 제자가 메이저리그에 잘 적응하는 것 같아 마음이 놓인다고 했다던 말을 상기시키며 슬픔을 참고 오클랜드 애슬레틱스와의 경기에 임했다.

추신수는 매 타석에 들어설 때마다 조성옥 감독을 떠올렸다. 그러자 정말 기적 같은 일이 일어났다. 추신수는 그 날 엄청난 활약을 했다. 그전에도 없었고, 메이저리그 생활을 얼마나 더 할지는 몰라도 앞으로도 그 같은 기록은 세우지 못할 것 같다. 추신수는 연타석 홈런에 5타수 4안타 7타점 2홈런을 기록하며 팀의 15 : 2 승리를 이끌며 5연패에서 벗어나게 했다. 추신수는 부산고 시절 조성옥 감독과 함께 전국대회 2연패를 했고, 2000년 세계청소년야구선수권대회에서 우승을 차지하면서 결국 메이저리그에 입성하는 계기를 마련했다. 조 감독은 생활이 어려운 선수들의 회비를 대신 내주는 등, 매사에 사랑으로 제자들을 대해준 진정한 스승이었다.

추신수는 또 한 번 결정적일 때 홈런을 터트렸다. 추신수가 메이저리그에서 선수생활을 오래 하려면 절박한 게 군대문제 해결이었다. 만약 정상적으로 군대문제를 해결하려면 2년 동안 한국에 돌아와서 군 복무를 해야 했다. 이는 소속팀과의 연봉 계약에도 불리한 조건으로 작용하는 것은 물론, 2년 동안의 메이저리그 공백이 선수 생활을 하는데, 치명적으로 작용할지도 몰랐다. 그러나 2006년 도하 아시안게임 국가대표 김재박 감독이 추신수가 검증되지 않았다며 외면했고(한국은 당시 동메달을 땄다.), 2008 베이징 올림픽의 김경문 감독도 추신수를 부르지 않았다. 아마 불렀다 하더라도 메이저리그 시즌이었기 때문에 출전이 어려웠을지 모른다. 도하 아시안게임은 12월경에 열려 메이저리그 비시즌이었지만, 베이징 올림픽은 8월에 열렸기 때문에 메이저리그 시즌에 열렸다. 추신수는 2010 광저우 아시안게임에 선발되었다. 만약 일본, 중국 그리고 대만 등을 모두 물리치면 금메달을 따 기초훈련만 받고 군 면제를 받게 된다. 그러나 금메달을 따지 못하면 2년간 입대를 해서 메이저리그 생활이 불안정해지는 것이다. 광저우 아시안게임에서 금메달을 따기 위해서는 프로선수들을 내 보낸 대만팀이 사회인 야구팀을 선발해서 출전시킨 일본팀보다 더 까다로웠다. 따라서 예선 첫 경기에서 대만팀을 잡고, 준결승전에서 비교적 약체인 중국과 경기를 치른 후 결승전에서 일본(또는 대만)과 경기를 치르는 것이 순리였다. 그러나 만약 첫 경기에서 대만에 패하면 준결승전에서 일본을 만날 가능성이 크고, 일본전을 이긴다는 보장도 없을 뿐만 아니라, 이긴다고 해도 결승전에서 다시 대만을 만나게 되는 첩첩산중(疊疊山中) 속을 헤맬 상황이었다.

2010년 11월 13일, 광저우 아오티 구장 필드에서 열린 광저우 아시안게임 대만과의 B조 예선 1차전에 추신수는 3번 타자 겸 우익수로 선발 출장, 첫 타석에서부터 매우 값진 홈런을 쳤다. 한국대표팀의 선발로 나선 류현진이 1회 초 대만 타자들을 삼자범퇴로 깔끔하게 틀어막았고, 1회 말 1사 이후 정근우가 중전 안타로 출루하며 기회를 만들었다. 1사 1루 상황에서 추신수는 아시안게임 첫 타석에 나섰다. 추신수는 원 볼 이후 대만 선발 투수 린이하오의 바깥쪽 높은 공을 받아쳐 좌측 담장을 넘기는 선제 투런홈런으로 연결했다. 추신수는 두 번째 타석에서도 투런홈런을 터트려 연타석 투런홈런으로 한국팀이 이날 올린 6점 가운데 66%에 해당하는 4점을 홈런으로만 뽑아내, 한국팀이 6:1로 상큼하게 이기는 데 결정적인 역할을 했다. 한국야구대표팀 3번 타자를 맡은 추신수는 5경기 모두 출전해서 14타수 8안타 10타점을 올리는 가공할 위력을 선보이며 한국팀이 금메달을 획득하는 데 일등공신을 했다. 추신수는 전 신시네티 레즈의 더스티 베이커 감독의 1,600승에 결정적인 역할을 하기도 했다.

2013년 5월 8일 미국 오하이오주 신시내티 그레이트아메리칸 볼파크에서 열린 애틀랜타 브레이브스와의 홈경기에서 1번 타자 중견수로 출전해 4 : 4로 맞선 9회 2사 후 애틀랜타의 마무리 크레이그 킴브럴에게서 좌중간 펜스를 넘어가는 굿바이 홈런을 쏘아 올렸다. 더스티 베이커 감독은 "추신수의 굿바이 홈런은 내가 메이저리그에서 1,600승을 올리는 동안 가장 인상적인 순간이었다."고 말했다.

프로레슬링은 쇼

"**프**로레슬링은 쇼"다.

반은 맞는 말이고, 절반은 틀린 말이다.

물론 극도로 발달한 미국의 프로레슬링은 시나리오 작가까지 있는 거의 완벽한 쇼라고 할 수 있지만, 장영철· 김일 두 선수가 전성기를 누리던 60~70년대 한국의 프로레슬링은 시나리오까지 있지는 않았다. 그러면 왜 한국 프로레슬링이 반은 쇼, 절반은 실제상황인지 알아보자.

1965년 11월 27일 밤, 서울 장충체육관은 프로레슬링을 보기 위해 7천여 관중이 가득 들어찼다.

한국·미국·일본·캐나다 등 5개국 친선 국제레슬링 대회에 이같이 많은 관중이 들어찬 것으로 보아 당시의 프로레슬링 인기를 실감할 수 있을 것이다. 당시 김일과 장영철의 인기는 이후 프로야구 등 모든 프로 스포츠를 통틀어도 따라갈 수 없을 정도로 엄청나게 높았다. 좀 과장되게 말하면 거의 신적인 존재였다. 그날의 가장 중요한 경기는 한국 프로레슬링 챔피언 장영철과 일본의 2류급 선수 오구마의 3판 2선승제의 싱글 매치였다.

예상은 장영철이 이기는 것은 너무 당연했고, 과연 어떤 기술로 어떻게 이기느냐만 관심이 쏠렸다. 8시가 약간 넘어 장영철이 특유의 긴 턱수염과 함께 금빛 가운을 걸쳐 입고 링 위에 올라섰다. 장영철이 두 손을 번쩍 쳐들고 인사를 하자 관중들이 일제히 환호성을 질렀다. 오구마는 관중들의 엄청난 환호성에 주눅이 들었는지 약간은 기가 질린 표정으로 장영철의 반대편 코너에 서 있었다. 공이 울리자 오구마가 장영철의 머리를 휘어잡고 군밤을 여러 번 먹였다. 장영철은 곧바로 두 발로 오구마의 허리를 껴안으며 나뒹굴었다. 이후 장영철은 오구마의 허리를 집중적으로 공략해 오구마가 비틀거리자 자신의 주 무기인 두발당성(몸을 날려 두발로 가슴을 차는 것)으로 먼저 한 판을 따냈다. 이때까지만 해도 장영철의 승리를 의심하는 사람은 아무도 없었다. 문제는 이제까지 그랬었던 것처럼 장영철이 한 판을 내 준 뒤, 세 번째 판에서 이기느냐, 아니면 그대로 두 판을 내리 이기느냐만 남은 것처럼 보였다. 그런데 두 번째 판에서 오구마가 정영철을 일방적으로 몰아붙여 이기면서 분위기가 이상

해졌다. 문제의 3번째 판에서 오구마는 장영철의 약점인 허리를 집중적으로 공략하기 시작했다. 장영철은 오구마가 허리만 공격해 오자 당황한 듯 로프를 잡으며 시간을 보내려 했다. 그러나 오구마는 장영철을 링 가운데 끌어내려 넘어트리더니 뒤로 타고 앉아서 허리를 꺾기 시작했다. 허리를 뒤로 꺾인 장영철은 고통을 견디지 못하고 링 바닥을 두드리며 심판에게 기권의사를 보냈다. 천하의 장영철이 홈 링에서 패하는 대이변이 일어난 것이다. 당시 장영철이 일본의 2류 선수에게 패한다는 것은 '60억 분의 1'이라는 별명을 가진 에밀리아넨코 효도르가 두 수 정도 아래인 파브리시오 배우돔에게 패한 것 이상으로 충격적이었다. 장영철이 기권 패를 당하자 링 주위에 몰려있던 최시운·조경구·김학구·이석윤 등 장영철의 제자 6~7명이 음료수병 등을 손에 들고 링 위로 올라가 오구마를 마구 가격했다. 오구마의 얼굴은 이내 피범벅이 되었다. 오구마는 급히 성모병원으로 이송되었고, 링 위에는 오구마에게 어이없이 1:2로 패한 장영철과 장내 아나운서만 남아있었다. 그런데 갑자기 장내 아나운서가 이 사태에 대해 해명을 하라는 듯이 마이크를 장영철에게 넘겨주었다. 마이크를 넘겨받은 장영철은 "나는 머지 않아 김일에게 도전을 하겠습니다."라고 큰 소리로 말했다. 장영철은 관중들이 떠드는 바람에 잘못 들었다고 생각했는지 종전보다 더 큰 소리로 외쳤다. "김일에게 도전해서 꼭 설욕하겠습니다."라고 외쳤다. 그러니까 자신이 오구마에게 패한 것은 당시 최고 인기를 누리고 있는 김일이 자신을 제거하기 위해 공작을 한 것으로 치부한 것이다.

한편 중부경찰서는 난동을 부린 최시운·조경구 등을 특수폭행 혐의로 연행했고, 장영철은 경기용 팬티 차림으로 중부서로 끌려가야 했다. 장충체육관에 남아있는 프로레슬링 관계자들은 이 사태를 두 가지로 해석하고 있었다. 하나는 이날 경기는 원래 장영철이 2:1로 이기게 되어 있었는데, 오구마가 약속을 어기고 너무 심한 반칙을 하는 등으로 비겁하게 이겼기 때문에 장영철의 제자들이 우발적으로 폭행을 가한 것이라고 보고 있었다. 또 다른 한편에서는 장영철이 한국 프로레슬링 1인자였는데, 이제 김일 선수의 인기에 눌려 점점 인기가 떨어지자 이에 대한 반감으로 장영철의 제자들이 노골적으로 감정을 폭발시킨 것이라고 봤다.

당시 5개국 국제프로레슬링 대회는 김일이 프로모터 권

을 쥐고 있었기 때문에 전자가 더 신빙성을 갖고 있었다.

그 시대 프로레슬링은 국민들의 유일한 스포츠이자 위안거리였다. 흑백 TV가 보급되던 62~63년경부터 어린이는 물론 어른들까지도 즐겨보게 되었다. 그 당시 국내 프로레슬링은 두발당성을 주무기로 하는 장영철, 역도산처럼 가라데 춥을 특기로 긴 바지를 즐겨 입던 천규덕(탤런트 천호진의 아버지), 그리고 몸무게 110kg의 당시로는 거한인 백곰 우기환, 키 197cm의 쌍둥이 거한 박성남·박성모 등이 일류급 선수였다. 이들이 출전하는 프로레슬링 경기는 비록 국내 경기라도 8천여 명을 수용하는 장충체육관을 가득 메웠다. 국제경기에는 표를 구하지 못해 입장하지 못하는 사람이 더 많았다. 국제경기를 할 때마다 일본이나 미국·캐나다 선수들은 무조건 악역을 맡고 역전패를 당했지만, 프로레슬링 팬들은 전혀 눈치를 채지 못했다. 프로레슬링 입장권은 한·일전 때는 1~2백 원 현재 시가로 약 2~4만 원 정도했지만, 프리미엄이 붙어서 5백 원까지 치솟았다. 국제대회를 한 번 하려면 체육관 대관료, 선수 출전료 등을 합해서 2백만 원가량 들었는데, 프로레슬링은 프로복싱과는 달리 오늘 경기를 치른 선수가 내일, 모레까지 계속해서 출전할 수 있어서 3일 정도

경기를 치르면 관중수입 TV중계료 등으로 1천만 원이 넘는 수입을 올렸다.

김일이 한국에 오기 전까지는 수입의 절반은 장영철이 가지고, 나머지 절반을 경기에 출전한 2~3류 선수들이 나눠 가졌는데, 2~3류 선수의 몫도 10만 원이 넘어서 B급 선수도 집을 몇 채씩 갖고 있었다. 프로레슬링이 이같은 호황을 누리고 있었기 때문에 국내파 장영철과 뒤늦게 나타난 해외파 김일이 주도권 싸움을 벌일 수밖에 없었다. 한편 장영철로부터 공개적으로 도전을 받은 김일은 지금은 폐간된 《신아일보》와의 인터뷰에서

"나는 세계챔피언급인데, 일본의 이류 선수(오구마)에게 패한 장영철이 감히 나에게 도전을 하는가, 만약 매치가 되면 단 2분 만에 이길 수 있다."고 자신만만해했다. 그리고 장영철이 경찰서에서 "프로레슬링은 사전에 경기방법과 승패를 미리 논의하는 법"이라고 말해 사실상 '프로레슬링은 쇼'라는 것을 인정했다는 것을 의식한 듯, "프로레슬링은 절대로 사전에 승부를 조작할 수 없다. 실력에 의해서만 승패가 결정된다. 장영철 선수가 그렇게 말했다니 정신상태가 의심스럽다."며 '레슬링은 쇼'라는 것을 극구 부인했다. 이후 장영철은 한국 프로레슬링계

에서 비겁자로 낙인이 찍혀 뒤안길로 사라졌고, 김일은 '역도산의 후계자'라는 후광과 '살인적인 박치기'로 독보적인 선수로 활약하면서 대통령으로부터 레슬링 전용 체육관인 '김일 체육관'을 하사받는 등 절정의 시간을 보냈다. 프로레슬링은 분명히 사전에 각본을 짜는 쇼다. 다만 대부분 실력이 앞선 선수가 이기는 쪽으로 승부를 정한다. 실력이 뒤지는 선수가 이기는 경우는 극히 드물다. 그리고 사전에 각본을 짜야 하는 또 다른 이유는, 한 선수가 공격하고 다른 선수가 그 공격을 받아주는 과정이 관중이나 시청자들에게 재미있도록 해야 하기 때문이다.

모두 고인이 된 장영철, 김일은 2006년 2월에 만나 극적으로 화해를 한 후, 장영철은 2006년 8월, 김일은 2006년 10월에 각각 세상을 떠났다.

한국 남자농구 만리장성을 무너트리다

스포츠에서 가장 극적인 승부는 역전승이다. 그것도 결승전에서 역전승을 거둬 우승을 차지한다면 더욱 값질 것이다.

한국 스포츠는 그동안 많은 대회에서 역전승을 거뒀다. 특히, 2002 부산 아시안게임에 출전했던 남자농구 대표팀은 농구에서만 맛볼 수 있는 극적인 요소들을 모두 갖춘 완벽한 역전 드라마를 연출했다. 우선 필리핀과의 준결승전에서 68 : 67로 뒤지다가 이상민의 버저비터로 극적인 역전승을 거뒀고, 아시아의 만리장성 중국과 결승전을 갖게 되었다.

한국은 1982년 뉴델리아시안게임 금메달 이후 20년 만에 금메달을 노렸고, 중국은 대회 5연패를 자신하고 있었다. 당시 중국에는 미국 남자프로농구 NBA 휴스턴 로케츠팀에 막 입단한 2m 26cm의 야오밍이 골밑에 버티고 있었고, 아시아 최고의 슈터 후웨이동 그리고 중국의 간판 포인트 가드 류웨이 등이 출전했다. 한국도 서장훈·김주성·전희철·김승현·이상민·현주엽 등 당대 최고의 선수들이 주축을 이루고 있었다. 그러나 아시아의 모든 농구 전문가들은 하나같이 장신 선수군단 중국의 금메달을 예상하고 있었다. 국내 농구 전문가들도 한국이 이길 것으로 전망한 사람은 한 명도 없었다. 경기는 예상대로 중국이 시종일관 앞서 나갔다. 4쿼터 7분가량 지날 때, 그러니까 약 3분 남겨놓고 84:71, 무려 13점이나 중국이 앞서 있었다. 농구에서 상대적으로 약한 팀이 경기 종료 3분 정도 남겨놓고 강팀에 13점이나 뒤졌다는 것은 기적이 일어나지 않는 한 패한 것이나 다름없다. 더구나 아시안게임 금메달이 걸려 있는 국가대표팀 간의 매우 중요한 경기였다. 중국과 한국의 13점 스코어 차는 경기 종료 1분가량 남았을 때도 좁혀지지 않았다. 그러나 한국선수들은 경기를 끝까지 포기하지 않았다. 물론 관중들의 열화 같은 응원도 있었지만, 한국 선수들 사이에 홈에서 중국을 한 번 잡아보자는 공감대가 형성되어 있었다. 이제 경기종료 23초 전, 그러나 아직도 7점(83:90)이나 뒤지고 있었다. 7점을 만회하려면 2점 공격 4번 연속 성공, 또는 3점 공격 3번이 모두 성공해야 했다. 그 사이에 중국팀은 그야말로 허수아비가 되어야 한다. 그래서 사실상 승부는 났다고 봐야 했다. 그러나 한국팀은 끝까지 경기를 포기하지 않았다. 오히려 더욱 악착같이 수비하고, 인터셉트를 했으며, 공격할 때도 집중력을 높였다.

　중국은 결승전까지 오는 동안 단 한 번도 위기가 없었고, 거의 모든 경기를 전반전에 이미 끝냈다고 할 정도로 쉽게 경기를 치렀다. 그나마 중국의 상대가 될 것이라던 한국도 4쿼터 7분경까지는 그다지 위협적인 상대가 아니었다. 그래서인지 중국선수들은 한국선수들이 집중력 있게 공격과 수비를 펼치기 시작하자 당황한 것이다. 중국팀의 엔진, 포인트 가드가 흔들리자 공격이 잘되지 않았고, 수비에서도 미스 매치를 만드는 등 무너지기 시작했다. 장신 센터 야오밍은 아시아에서는 정상권 센터였지만, 미국 남자프로농구 NBA 휴스턴 로케츠와 입단 계약서에 도장만 찍었을 뿐 아직 한 경기도 뛰지 않은 NBA 선수로는 애송이에 불과했다. 중국은 야오밍과 함께 중국의 '노비츠키'라는 왕즈즈(2m 16cm)가 있어야 트윈타워를 형성하여 더욱 위력을 발휘할 수 있는데, 왕즈즈가 빠지는 바람에 야오밍 혼자 골밑을 지켜야 했다. 한국의 서장훈·김주성이 야오밍을 번갈아 맡으며 괴롭혔고, 경기 종료 직전 야오밍은 약간 지친 듯한 모습마저 보이기 시작했다. 옛말에 '도둑을 맞으려면 개도 안 짖는다.'는 말이 있다. '중국의 허재' 또는 '중국의 조던'이라고 불리는 자유투 귀신 후웨이동이 결정적으로 자유투 2개를 모두 실수한 것이다. 한국은 종료 17초 전 문경은의 3점포로 88:90으로 따라붙었다. 그리고 후웨이동이 자유투 2개를 놓치는 틈을 타 현주엽이 4.7초를 남기고 그림 같은 골밑 슛으로 기어코 90:90 동점을 만들며 승부를 연장으로 몰고 간 것이다. 다 이긴 경기를 얼떨결에 따라 잡힌 중국은 연장전에 들어가서는 더욱 전의를 불태우기 시작했다. 그러나 한국의 상승세는 멈출 줄 몰랐다. 현주엽은 중국의 골밑을 파고들었고, 김승현은 현란한 손놀림으로 인터셉트에 이어 환상적인 어시스트로 중국 선수의 얼을 빼놓았다. 1차 연장전이 끝났을 때, 스코어는 102:100, 한국이 2점 차의 감격스러운 승리를 올린 것이다. 경기 종료 3분을 남겨 놓고 71:84로 뒤진 후 연장전 5분을 포함하여 8분 동안 한국팀은 무려 31점을 넣었다. 반면 중국은 겨우 16점을 얻는 데 그치고 말았다. 그러면 한국팀이 평균 신장이 10cm 가까이 더 크고, 세계적인 센터 야오밍이 버티고 있는 중국에 어떻게 역전승을 거둘 수 있었을까? 또다시 이런 승부가 연출될 수 있을까할 정도로 중국은 경기종료 3분을 남기고부터 되는 일이 없었고, 한국은 안 되는 일이 없었다.

한국은 이판사판 압박수비를 하면서 중국이 당황한 사이에 손이 빠른 김승현은 재빨리 인터셉트를 해 현주엽에게 패스해서, 골밑슛을 성공시키거나 자신이 직접 해결하기도 했다. 반면 김승현의 매치 업 상대 중국의 포인트 가드 류웨이는 턴 오버를 남발했다. 아마 거의 다 이긴 경기로 알았는데, 한국이 갑자기 압박수비를 하고 슛을 마구 터트리자 당황을 했던 것 같다.

홍수환의 4전5기를 만든 3가지 이유

세계 프로복싱계에서는 1990년 2월 11일 도쿄돔에서 열린 프로복싱 WBA, WBC, IBF 통합 헤비급 타이틀 매치에서 무명복서 제임스 더글러스가 핵주먹 마이크 타이슨에게 역전 KO승을 거둔 경기를 가장 극적인 역전승으로 보고 있다. 당시 마이크 타이슨은 37전 전승, 그 가운데 KO승이 33승으로 승률 100%, KO율 89%의 가공할 만한 주먹을 자랑하고 있었다. 그 가운데 1라운드 KO가 절반에 가까운 17번, 그러니까 타이슨과 맞붙은 선수 가운데 2명 중 1명은 2라운드 공이 울리는 소리를 듣지 못한 셈이다. 그리고 37번 경기를 하는 동안 평균 라운드가 2.8 라운드에 그쳐, 게임당 라운드도 3라운드가 못 된다. 반면 제임스 더글러스는 35전 30승(20KO) 1무 4패의 평범한 기록으로 승률, KO율 등에서 도무지 타이슨의 적수가 되지 못했다. 그래서 경기 전 예상도 승패를 떠나 타이슨이 제임스 더글러스를 몇 라운드에 KO 시키느냐가 문제였다. 다만 제임스 더글러스가 타이슨보다 리치가 길기 때문에 타이슨은 더글러스의 긴 잽과 원투 스트레이트를 경계해야 하고, 타이슨은 거의 5라운드 이상을 뛰어보지 못했기 때문에 후반으로 가면 불리해질 수도 있다는 정도였다. 그러나 공이 울리자 전혀 다른 양상의 경기가 전개되었다. 더글러스가 긴 리치를 이용해 철저하게 아웃복싱을 했고, 타이슨은 더글러스를 몰고 다니다가 많이 얻어맞았다. 그러나 8라운드에 타이슨의 강력한 훅에 더글러스가 다운이 되었다. 그런데 어쩐 일인지 심판이 카운트를 천천히 하는 바람에 더글러스가 회복되었다. (나중에 12초나 걸린 것이 확인되었다.) 심판의 늦은 카운트로 살아난 더글러스는 9라운드에서 약간 지친 타이슨에게 원투 스트레이트를 퍼부으며 우세한 경기를 벌였다. 그리고 운명의 10라운드에서 더글러스는 원투 스트레이트에 이은 통렬한 어퍼컷을 타이슨의 턱에 터트려 거함을 침몰시켰다. 회심의 역전승이었다.

우리나라 홍수환의 카라스키야에 대한 역전 KO승은 타이슨 대 더글러스전보다 주목을 덜 받아서 그렇지 훨씬 드라마틱한 역전승이었다. 1977년 11월 26일 파나마에서 열린 WBA 주니어 페더급 초대 챔피언 결정전, 홈 링인 카라스키야와 홍수환 선수가 맞붙었다. 경기 전 예상은 홍수환이 나이도 27살로 18살인 카라스키야보다 9살이나 많고, 멕시코의 자모라 선수와 WBA 밴텀급 세계 타이틀 매치를 빼앗기고, 리턴 매치를 갖는 동안 2차례나 KO로 패했었기 때문에 불리하게 봤다. 카라스키야는 11번을 싸워 모두 KO로 이겼다. 당시 주니어 페더급에서 10전 이상을 싸워서 KO율 100%를 기록한 선수는 카라스키야가 유일했다. WBA 주니어 페더급 초대 타이틀 결정전을 갖기 전, 두 선수의 체중은 카라스키야가 55.3kg, 홍수환이 55.8kg으로 홍수환이 카라스키야보다 500g이 더 무거웠다. 1라운드는 카라스키야가 맹공을 퍼부었고, 홍수환은 받아치기에 급급했으나 서로 그다지 충격을 준 펀치는 없었다. 2라운드부터 카라스키야가 강펀치를 휘두르기 시작했다. 1분 14초경 카라스키야의 레프트가 두 번 연속 홍수환의 턱을 가격하는가 했더니, 홍수환이 맥없이 쓰러졌다. 그러나 홍수환은 당황하지 않고 주심의 카운트를 듣다가 '카운트 8'에 일어섰다. 비록 8초밖에 안 되는 짧은 시간이었지만 쓰러지자마자 일어난 것보다는 나았다. 홍수환은 다운 당한 것을 만회라도 하려는 듯이 일어나자마자 카라스키야에게 달려들었으나, 또다시 레프트 스트레이트를 턱에 맞고 캔버스에 나뒹굴었다. 홍수환은 '카운트 5'에 벌떡 일어선 후, '카운트 8'을 셀 때까지 약 3초간 더 쉰 뒤, 주심의 박스 소리에 카라스키야에게 덤볐다. 그러나 이번에는 오른쪽 훅을 복부에 맞고 앞으로 쓰러졌다. 복싱에서는 펀치를 얻어맞고 앞으로 쓰러지면 일어나기 어렵다는 속설이 있다. 그런데 얼굴을 잔뜩 찡그리면서 일어난 홍수환은 다시 카라스키야에게 또 덤벼들었다. 그러나 카라스키야의 주먹은 한 치의 양보도 없이 홍수환의 안면을 강타, 홍수환은 4번째 링 바닥에 나뒹굴었다. 그러나 또다시 일어났다. 홍수환이 4번 다운을 당한 후 다시 일어나자 2라운드를 끝내는 공이 울렸다. 3라운드를 알리는 시작 공이 울리자 홍수환은 언제 내가 4번 다운 당했었느냐는 듯 방심한 카라스키야에게 달려들어 안면에 강력한 양 훅을 터트렸다. 카라스키야는 비틀거리며 로프 중단에 몸을 기댔고, 이때 홍수환의 가공할 만한 레프트가 카라스키야의 턱에 작렬, 카라스키야는 그대로 실신하고 말았다. 3라운드 48초만에 KO승이었다. 통렬한 대역전 KO승을 거뒀다.

홍수환이 프로복싱 역사에 남을 대 역전승을 거둘 수 있기까지는 3가지가 복합적으로 작용했다. 첫째는 이틀

전 룰 미팅에서 '프리 녹다운제'를 적용했기 때문이다. 그렇지 않고 원래 룰대로 '3 녹다운제'를 적용했다면 홍수환은 자동 KO패를 당해야 했다. 그러니까 프리 녹다운제를 적용하기로 했기 때문에 한 선수가 아무리 다운을 많이 당하더라도 주심이 경기를 중지를 시키거나 세컨드가 수건을 던지지 않는 한 경기를 지속하는 것이다. 그러나 일반적인 룰은 선수를 보호하기 위해 한 선수가 한 라운드에 3차례 다운을 당하면 자동 KO패를 선언한다. 둘째는 아무리 프리 녹다운제가 시행된다고 하더라도 주심이 경기를 끝내면 바로 KO패가 선언된다. 그러나 그날 주심은 홍수환 편이었다. 홍수환은 중앙고등학교에 다닐 때부터 영어회화를 배워 웬만한 의사소통을 할 수 있다. 그런데 우연히 엘리베이터에서 주심과 마주치게 되어 인사를 나눌 기회가 있었는데, 주심이 홍수환이 영어를 유창하게 구사하는 것을 보고 호감을 갖게 되었다고 한다. 셋째는 파나마 여성 마리아를 빼놓을 수가 없다. 마리아는 파나마의 전형적인 미인이었다. 그런데 마리아가 경기를 앞두고 홍수환에게 의도적으로 접근을 해왔다. 워낙 호감이 가는 인상이라 홍수환도 몇 차례 만나줬는데, 마리아는 홍수환이 남아프리카 더반에서 아놀드 테일러를 판정으로 물리치고 WBA 밴텀급 타이틀을 획득한 것과 자모라라는 숙적에게 두 번이나 패한 것까지 알고 있을 정도로 열렬한 복싱광이었다. 파나마가 영어권 나라이고, 홍수환도 영어를 구사할 수 있어서 두 사람은 급격하게 가까워졌다. 세계타이틀 매치를 하기 이틀 전, 마리아가 홍수환에게 적극적으로 유혹을 해와 경기가 끝나고 보자며 거절을 했더니 자기를 무시한다며 마구 울기도 했다. 그런데 홍수환이 카라스키야에게 2라운드에서 4번째 다운을 당한 후 일어나면서 우연히 관중석을 봤는데, 홍수환이 다운 당한 것을 보고 마리아가 너무 좋아서 미친 듯이 환호를 하는 것이었다. 마리아는 카라스키야 측에서 의도적으로 보낸 미인계(美人計)로 홍수환에게 의도적으로 접근을 시켜서 체력을 소모하려는 여성이었다. 홍수환은 2라운드가 끝난 후 코너로 돌아오면서 저 마리아에게 복수를 하기 위해서라도 카라스키야를 꼭 쓰러트려야겠다고 결심을 했다. 마리아에 대한 복수심이 3라운드가 시작되자마자 카라스키야에게 달려들어 양 훅을 작렬시켜 역전 KO승을 이끌어 낼 수 있는 계기가 된 것이다. 아무리 프리 녹다운제와 주심의 호의적인 경기운영, 그리고 마리아에 대한 복수심이 작용했다고 하더라도 홍수환이 카라스키야에게 드라마 같은 대역전 KO승을 이끌어 낼 수 있는 가장 큰 원동력은, 역시 홍수환이 세계 타이틀전을 앞두고 훈련을 많이 해 내공이 쌓였기 때문이다. 홍수환은 카라스키야를 꺾고 세계챔피언이 됨으로써 한국 최초의 2체급을 석권한 챔피언이 되었고, 두 번 모두 원정(남아공, 파나마) 경기에서 타이틀을 획득하는 진기록도 세웠다.

■ **저자 기영노**

스포츠 평론가
한국 핸드볼발전재단 이사
방송작가

〈저서〉

『재미있는 스포츠 이야기』
『올림픽의 어제와 오늘』
『농담하는 프로야구』
『대통령과 스포츠』
『설렁설렁 스포츠』 등.

미스터리 스포츠

▶
초판1쇄 | 2014년 2월 10일
초판2쇄 | 2025년 4월 17일
지 은 이 | 기 영 노
펴 낸 이 | 권 호 순
펴 낸 곳 | 시간의물레
등   록 | 2002년 12월 9일
등록번호 | 제1-3148호(제2021-000194호)
주   소 | 경기도 파주시 숲속노을로 150, 708-701
전   화 | (031)945-3867
팩   스 | (031)945-3868
전자우편 | timeofr@naver.com

▶ ISBN 978-89-6511-082-8 (03690)
▶ 정가 12,000원

* 이 책의 판권은 지은이와 시간의물레에 있습니다.
* 잘못 만들어진 책은 교환해드립니다.